企业管理实践案例丛书

模式创新

海南商界撷英

李世杰◎编著

MODEL INNOVATION

THE CASES OF OUTSTANDING ENTERPRISES IN HAINAN

中国经济出版社
CHINA ECONOMIC PUBLISHING HOUSE
北京

序　言

案例最早运用于医学界，后来被引入到法学界。工商管理学界引入案例则始于20世纪初，哈佛商学院在其间扮演了重要的启蒙角色，至今仍为翘楚——哈佛商学院目前已经形成了包括高质量的案例教材与教辅材料、支撑案例教学的信息系统、支持教师采编案例的制度设计以及市场化的案例推广等在内的日趋完美的案例开发系统。

对于案例的概念，目前比较认同的观点是：案例是对现实生活中某一具体现象的客观描述；而管理案例侧重于忠实记录产业实践中，企业管理者所面临的真实管理问题，以及管理者面对问题制定决策过程中所必须依赖的有关事实、观点和偏见。管理案例必须具有典型性，能够引起学界、业界相关人士对案例所呈现问题进行深入思考，并探索、形成具有一定普遍性的企业管理经验借鉴。管理案例虽然是以故事的形式来描述管理情境，但必须真实地呈现管理实践中的事件全过程或部分过程，而不能虚构情节和内容。同时，考虑到文本内容的可读性，管理案例描述过程中往往运用适度的文艺修辞等表达手法，甚至可以穿插一些文学化、戏剧化的冲突场景——当然首先要建立在真实的基础之上。由此说来，对于很多商科课程的授课老师在课堂上信手拈来的或真或假、或虚或实的例子，就不能再轻易称为案例了，至少不是严格意义上完整的管理案例。

本书之所以耗费几年时间，投入财力、人力，深入企业经营与管理实践采集管理案例，初衷之一正是为了服务于商学院核心课程的教学工作——在课堂教学中，借助鲜活、生动的管理案例，还原企业经营管理的真实情境，引导学生走进管理实践，设身处地感受商业氛围；达到“寄理论于案例”“融教学于实践”的教学效果，通过案例讨论潜移默化地提升学生们发现问题、分析问题、解决问题的综合能力。

海南省位于中国最南端，是我国唯一的热带省份。内靠粤港澳深华南经济圈地，外邻东南亚地区，处于中国—东盟自由贸易区的地理中心位置。虽然地处南疆的海南是中国最年轻的省份，但其也是我国最大的经济特区，其并不乏优秀的企业管理实践。例如，凭借 1000 万元人民币起家，仅用短短 20 多年时间，就成长为拥有 5000 亿元资产的海航集团；再如，脱胎于计划经济体制企业，成功改制、上市并开始海外扩张的海胶集团。这些企业的优秀管理实践对于国内同行企业曾经有过重要启发，或正在影响着国内企业实践的管理变革。特别地，海南是中国唯一的热带海岛省份，四季常青，空气清新，被誉为“回归大自然的好去处，未受污染的长寿岛”，是中国著名的热带旅游胜地。独特的热带滨海旅游资源孕育了一大批以旅游观光为核心业务的企业。包括《非诚勿扰Ⅱ》外景拍摄地的三亚热带雨林天堂、被誉为“琼崖八百年第一山水名胜”的国家首批 5A 级旅游景区大小洞天，以及呀诺达、槟榔谷等闻名神州的旅游景区。很多旅游企业的成长历程颇具传奇色彩，在成长、发展过程中也涌现了不少可圈可点的管理模式创新。所有这些宝贵的经营经验和管理创新，同样都是改革开放以来中国企业经营管理实践财富的重要组成部分，值得学界、业界去认真总结、悉心提炼，并予以发扬光大，以供岛内外同类企业在运营过程中有选择地借鉴。这也是本书编写团队耗费精力去实地调研海南各行各业中的典型企业并整理成文的又一初衷。

秉持前述初衷和信念，本书编写团队自2014年起，先后多次深入海南省内各地，走进企业经营管理实践。调研企业包括海航集团、海胶集团、海南生态软件园、英利集团（海南公司）、中航特玻、天利集团（印象海南岛）、海马集团、海口市国资公司、三亚海源实业、三亚热带雨林天堂、三亚大小洞天、三道圆融（呀诺达）、保亭槟榔谷、三亚通用航空公司、海南赛诺实业、椰树集团、观澜湖·华谊·冯小刚电影公社、亚洲太平洋酿酒集团（海南公司）、宋城集团（三亚千古情）、灵狮集团（海口数码创意港）、华润水泥（海南公司）、恒大集团（海南公司）等在内的几十家海南岛本土企业或岛外企业海南分部（分/子公司），获得大量一手调研数据、资料。本书编写组在实地调研和素材采集过程中，得到大部分案例企业相关负责人和工作人员的积极配合。海南省委宣传部（文化办）、海南省发改委、海南省工信厅、海南省工商局、海南省人大农委等官方机构为本书提供了部分案例企业素材或对相关调研活动给予了支持。海南大学研究生处和发展规划处也分别为本书的前期调研和结集出版提供了经费支持。在此一并表示感谢。

基于前期较为丰富的调研资料和企业素材，本书编写团队组织力量挖掘案例资源，连续开发一批企业案例，并陆续结集成“企业管理实践案例丛书”出版发行，本书《模式创新：海南商界撷英》即为该系列的第二辑。李世杰教授组织安排案例调研，主导案例开发及案例内容修改工作；罗晋京副教授参与临高海丰养殖公司案例撰写工作；刘琼、赵婷茹两位研究生参与了书稿的文字校对工作；

2013 级、2014 级、2015 级国际商务专业研究生都不同程度地参与其中，并以不同方式做出各自的贡献。需要特别说明的是，本书从成稿、修改，到出版、面世，与中国经济出版社姜静编辑和她的出版团队的共同努力分不开。借此，向为本书付出努力的所有人致敬！

当然，囿于眼界和视野的局限，精力和能力的制约，以及时间和经费的掣肘，本案例集必然还存在种种不足。对于书稿中的疏漏、不确乃至谬误之处，拜请各位读者通过电子邮件与本书编写组联系（邮箱地址：lshijie@ foxmail. com）。正所谓“一千个读者眼中就有一千个哈姆雷特”（There are a thousand Hamlets in a thousand people's eyes）——更何况，本书相比于莎翁巨作“*Hamlet*”，不过是明月辉映下的小小萤火。毫无疑义，来自读者的反馈乃至批评，对我们今后的案例开发和研究工作大有裨益，也鞭策着本书编写团队持续地关注海南岛行业发展与企业管理实践，并于斯不断求索。

李世杰

二〇一七年八月

目录
Contents

海航集团的多元化战略创新

采编/撰写：李世杰　张　瑾

案例摘要： 本案例描述海航集团以航空运输业为核心，围绕航空旅游、现代物流和现代金融服务三大支柱产业，实施相关多元化战略，并通过产融结合、虚实互动的方式进行商业模式创新和价值创造，最终实现了从单一航空产业向综合现代服务业运营的转型。海航集团的三位一体多元化战略总体布局为中国企业的发展提供了参考。

案例关键词： 多元化；核心竞争力；协同效应；商业模式创新

一、引言

“我们不是为了多元化而多元化，我们是积累了经验”，在新落成的海航大厦24楼，海航集团战略部总经理苗维胜语气坚定地告诉来访的我们。

勤于思考、大胆创新、敢想敢做的海航人认为，企业的生存与发展就是不断地“闯关”。首先闯“生存关”，也就是要解决企业从无到有的问题；其次闯“发展关”，即解决从小到大的问题；再次闯“做精做强关”，即使企业从大到强；最后闯“多元化关”，也就是解决从一业到多业的问题。

很多企业能够顺利地闯过“生存关”和“发展关”，但是要达到“做精做强”的境界则需要多年的锤炼。而对于少数已经在原有行业里成为领先者的强势企业而言，多元化成了一个充满诱惑与陷阱的迷雾森林。利用已经积累起来的优势和资源，向其他产业进军，延伸触角，这是很多大企业普遍存在的难以抑制的冲动。的确，多元化可以增强企业的抗风险能力，在一定程度上避免“将所有鸡蛋放在一个篮子里”所带来的风险。

近年来，世界经济已全面进入复苏阶段，全球经济保持3%~4%

的较高增速；全球化继续深化发展，逐步迈入一个“多极成型、调整转型、竞合分化、治理变革”的时期。国际经济形势风云变幻，各种冲突、矛盾也日渐突出，中国面临着从未有过复杂的经济环境。同时，全球经济的稳步回升及中国经济的崛起也为我国服务业拓展了发展空间。

在这样的背景下，总部位于海南省海口市国兴大道的海航集团有限公司于2003年提出要打造成现代服务业综合运营商式的多元化企业。然而，在多元化战略扩张企业规模的同时，往往还伴随着扩张背后的种种风险。现代企业制度决定着公司总体战略以及总体战略下的运营战略与财务战略，而治理风险、运营风险和财务风险则是企业多元化扩张中面临的主要风险。如何多元化往往要比做出是否多元化的决策困难和复杂许多，集团公司多元化战略扩张必须在“大而广”和“强而专”之间做出一个选择，这也正是海航同仁需思考的关键问题。

二、相关多元化战略提出的背景及历程

（一）海航掌门人

昔日从北京“空降”海南的陈峰，在现在的航空界人士眼里俨然是一条“八爪鱼”——他管理的海航集团旗下实际运营的企业超过200家。包括中国民航局领导在内的很多人在谈到陈峰时都众口一词：“没有他办不成的事！”

陈峰是海航集团董事局主席，山西霍州人，在北京出生、长大。

创办海航之前，陈峰在中国民航总局工作。20世纪80年代末，陈峰从联邦德国汉莎航空运输管理学院培训回来之后，受海南省省长委托离开了民航总局，跟目前的海航董事长王健组建海航。

海航发展的故事一直被外界视为传奇。仅靠1000万元就可以在航空界起家运作，并能成长为中国四大航空公司之一，陈峰功不可没！海航集团由一业到多业，不断向外扩张，使得陈峰与海航都成了有争议的话题。有人说海航是海南的龙头企业之一，自然会受到海南更多的关注，海航贷款额巨大，有年度亏损记录，其发展全靠海南省政府扶持；也有人说海航的发展奇迹全靠陈峰的决策智慧，他长袖善舞，方方面面的关系都处理得非常好……耀眼的背后是什么，外界难知其详。然而，陈峰能被评为2005年度亚洲最佳商业领袖，自有其可褒之处。

明清山西商人称雄国内商界五个多世纪，“生意兴隆通四海，财源茂盛达三江”就是他们的写照，同为山西商人的陈峰亦没有坏了祖宗们的名声。海航在其带领下，仅仅经过22年的发展就跻身世界500强，不得不说是中国商业史上的一个奇迹。陈峰并没有因为取得了巨大成功而在工作中表现得强势，反而将儒家文化中的“以德服人”体现得淋漓尽致。陈峰常给刚到海航的新人送条幅：“德为人先，利为人后。”讲的就是要踏实做人，踏实做事，先德后利。一个又一个商业创新贯穿于海航的发展历程之中，奋斗史中无不体现着晋商的“进取精神、敬业精神、群体精神”。除了饱受传统晋商文化的熏陶，陈峰还有着荷兰求学、德国培训、哈佛深造的经历，他从中获得了国际化商业视野。

在海航陈峰是“神”一样的人物。相比之下，海航的“二号人物”王健则要内敛得多。王健是天津人，此前也在中国民航局工作，跟陈峰一个办公室，后跟陈峰一起离职创办海航。两人脾性很不一样。据海航一位前内部人士介绍，陈峰性子急，做起事来雷厉风行，但是为人随和，易于相处；而王健则是比较深沉，不苟言笑，俨然上司的模样。由于两人性格迥异，陈峰和王健分别在海航发展过程中扮演了不同的角色，将所长发挥到极致。陈峰负责公关，有选择地接受记者采访与拍照；而王健负责管理，时时保持低调，很少公开露面。一个负责开拓性的工作，另一个则负责巩固已经开拓的疆土，内外分工搭配有序。对此，陈峰也说：“我们俩是黄金搭档，性格不一样，但是想法一样。”

两人都秉持着一个共同的理念，即佛家所倡导的造福于人类幸福与和平的普世价值观。“打造受世人尊敬的世界级伟大企业”和“实现中华民族的世界级品牌”是海航人共同的“海航梦”。如何打造世界级品牌？“舵手”陈峰认为，其中一项标准就是规模。做大才能做强，即所谓“大”的哲学。

（二）海航的成绩

20 年来，海航集团由一业到多业，不断向外迅速扩张，总收入从 1993 年开航时的 1.17 亿元增长至 2012 年的 1277 亿元，年均增长 45%，3 倍于同期中国 GDP 增速，5 倍于同期世界 500 强企业总收入的平均增速；资产规模从 1993 年的 12.4 亿元增长至 2012 年的 3600 亿元，年均增速 35%；海航逐步接近世界 500 强门槛，从 2000 年收入规模不足世界第 500 强企业的 4%，发展到 2012 年收入规模达到世界第 500 强企业的 93%，实现了质的飞跃。

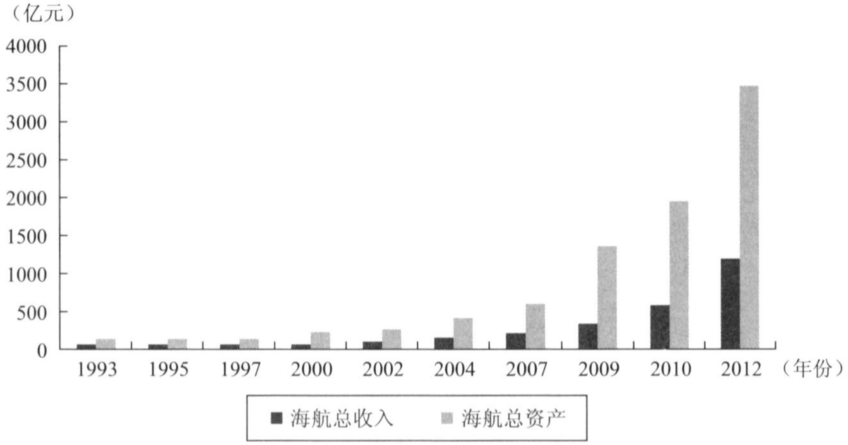

图 1-1　1993—2012 年海航集团收入和资产规模快速增长

资料来源：海航集团提供。

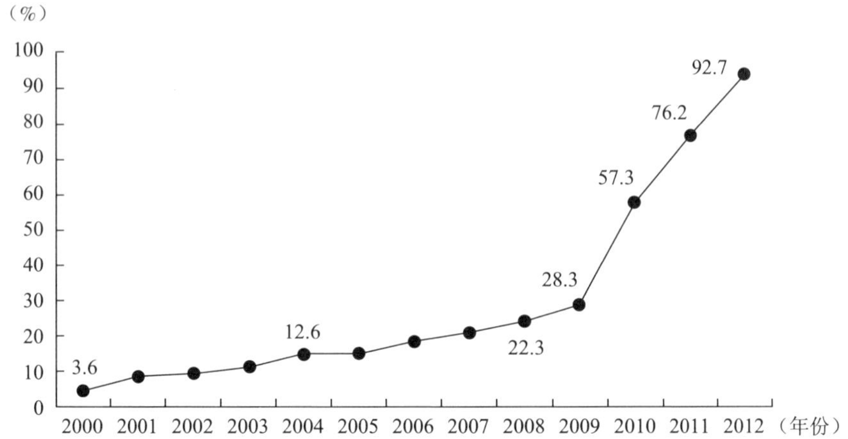

图 1-2　海航集团总收入逐年接近世界 500 强入围门槛

资料来源：海航集团提供。

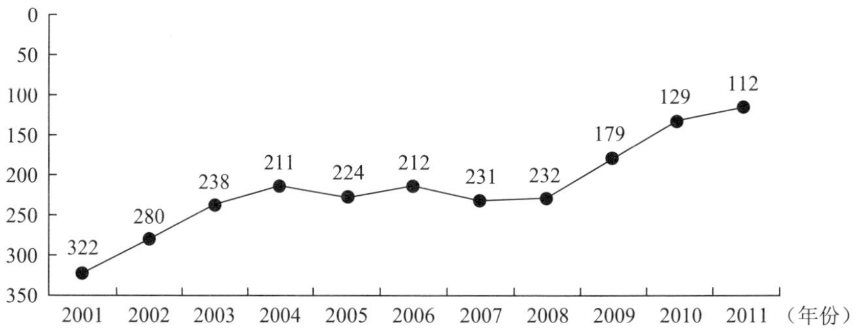

图 1-3 海航集团在中国企业 500 强中排名不断攀升

资料来源：海航集团提供。

经过调整，海航集团于 2012 年 8 月形成五大业务板块：海航航空、海航实业、海航资本、海航旅游和海航物流（见表 1-1）。在其多元化收入结构中，来自核心产业的航空运输占比最大，达到约 48%（见表 1-2），此外，由于开展相关的多产业发展，其绩效收入逐年增长，其中，2012 年较 2011 年收入增长约 10%。

表 1-1 海航集团五大业务板块成绩（截至 2012 年底）

业务板块	成绩
海航航空	国内外通航城市逾 190 个；国际国内航线 570 余条；机队规模 320 余架；连续安全飞行超过 600 万小时；旅客运输量突破 4979 万人次
海航实业	总资产规模超过 750 亿元，旗下拥有 4 家上市公司、16 家成员机场、400 家商业门店，机场年旅客吞吐量近 3000 万人次，员工总数超过 27000 人
海航资本	海航资本资产总规模逾 3300 亿元（含管理资产）；各类金融业务服务网点逾 1200 个；开展投资银行、金融租赁、信托三大核心业务，涉及商业银行、基金、保险、期货、证券、融资担保、保理、小额贷款等八大热点金融业务
海航旅游	20 余个成员品牌，运营 100 余架飞机，与 188 万游客共享旅行喜悦，拥有或管理酒店 60 余家
海航物流	面积 8000 余亩，码头 2800 余米，海岸线达 11000 米；现有船坞 6 座，船坞总容量 168 万吨；年造船能力达 600 万载重吨，总资产逾 270 亿元

资料来源：根据海航集团提供的资料整理而成。

表 1-2 海航集团多元化收入结构（截至 2012 年底）

项目	收入（亿元）	占比（%）
机场服务	42	4
航空运输	559	48
房地产	36	3
酒店服务	20	2
旅游服务	82	7
金融服务	47	4
物流	192	17
商业销售及其他	178	15
合计	1156	100

资料来源：海航集团提供。

海航集团五大业务板块的骄人成绩，在为海航带来长足发展的同时，也为其今后的走向奠定了方向。海航将航空之外的其他四大板块均视为航空产业链条上下游的延伸，试图从产品出发，构建产业链，进而上升为价值链，打造“产品—产业—价值”的模式，目的是打造吃住行游购娱一站式综合服务。

（三）海航多元化战略初试

自 20 世纪 90 年代，世界范围内掀起了一股企业多元化经营的浪潮，一瞬间，仿佛所有的企业都需要进行多元化经营。企业多元化经营是指企业同时经营两种以上的产品或服务，它是与专业化经营相对的一种企业发展战略。按照多元化经营产品之间及其使用相关要素密切程度的不同，可以将多元化战略划分为相关多元化战略和非相关多元化战略。其中，相关多元化是指企业从事的行业之间可以协调共享产品、服务、技术或分销渠道等资源，多元化的同时具有较高的产业关联；非相关多元化则是指产业之间关联性不大。

多元化发展是目前很多企业热衷的战略选择，也是国内外理论界和企业界争议最多的战略选择。

一些企业认为多元化经营可以分散风险，有助于企业进入回报更高的产业，扩大规模，带动企业的扩张式发展，从而获得更多的利润。美国通用电气公司（GE）被认为是跨行业多元化经营战略的成功典范，它涉足广电传媒、电力设备、医疗设备、照明电器、金融等多个行业，成为全球最大、最成功的企业之一。然而，也有很多企业因实施多元化战略而难以持续发展。亚洲金融危机之后，“大马不死”式的韩国大企业财阀相继轰然倒地，正是多元化扩张造成的恶果。大宇集团在其鼎盛时期曾经将触角延伸至几十个产业领域，其结果就是大宇集团债台高筑。财务危机一旦出现，大宇连同与其紧密关联的金融机构都陷入了前所未有的危机之中。而国内也不乏如同大宇一样倒在多元化问题上的企业，例如国内曾经名声显赫的哈慈集团，就是由于贸然进入到自己并不熟悉的“绿色猪肉”项目而使自身陷入经营困境之中。

“九五”期间，海航在不断发展壮大的过程中，遇到外部环境因素带来的诸多压力。一方面是中国民航业在饱受亚洲金融危机余波的影响后，经营遇到困难，业绩不断下滑；另一方面是民航局同期实施的大公司、大集团战略对民航企业进行大规模重组，组建三大航空集团和三大民航服务保障集团。重组实施后，中国民航业仍然是一个受到政府严格管制的行业，三大航空集团更是占到了80%以上的市场份额，地方航空公司和民营航空公司的发展空间仍受到限制，海航与国有三大航空公司相比竞争力较弱。但是，海航在面临重重困难的同时也伴随着新的机遇，就是此时中国的经济正面临着新一轮的快速发展。

海航作为民航企业，要与国内三大航空巨头抗衡，不得不做大做强；但若盲目迅速扩张则会增加企业风险。多元化经营与其他任何事物一样，有利有弊。恰当地采用，它能帮助企业抵御风险、化解威胁，从而提高企业的竞争优势；而不恰当地采用，则会损害企业资源的合理配置，反而影响企业的原有发展。面对外部的机遇与挑战，海航开始思考如何在降低经营风险的同时实现继续发展壮大，获得新的跨越式发展。

在一次战略研讨会上，正当海航同仁望着窗外的蓝天陷入苦苦沉思之际，一架32座的Donier 328涡扇豪华支线飞机满载着海南人民和海航人的蓝天梦想展翅腾飞。1999年，响应民航局的号召和西部大开发的召唤，海航以月均1架的速度引进28架此种豪华支线飞机，组成了国内最大的豪华支线机队。印有HNA标志的机身和有着红黄两色图腾双翼的B3961平稳地冲上云霄。站在会议室落地窗前观望的海航同仁激情澎湃的心情久久不能平静，机队的筹建所付出的心血他们每个人都深有体会，而所有努力换来的这一刻辉煌他们也倍感欣慰，同时对未来充满着信心。从飞机构造获得灵感，海航创造性提出“一主两翼”的发展战略。

正如飞机有机身和双翼才能平稳穿越云层，海航人提出的“一主两翼”发展战略就是：继续发展主业航空运输产业，拓展产业链，挖掘细分市场；同时发展与主业相关的酒店旅游和金融业务，与航空主业互动，通过两翼“反哺”主业发展。由此，海航初步确定了其相关多元化的发展方向。2000年元旦，海航通过内部战略性重组，组建了海航集团，开始向机场、旅游、酒店、商业、物流、航空租赁等相关行业拓展。2003年9月28日15:30，这对于全体海航人来说是意义非凡的一刻！在海航创业暨安全运营10周年总结庆功表彰大会上，海航宣布了实施转型发展的决定，确定了要构建现代服务业综合运营商、打造世界级企业和世界级品牌的战略目标，发布了动员全体员工行动起来的《关于深入开展“诚信、业绩、创新”变革的倡议书》。从那时候开始，海航的多元化发展战略全面拉开序幕。

进入21世纪以来，国内外航空运输业的经营环境发生了根本性变化。2001年至2006年，全球航空业经历了一段非常黑暗的时期。根据国际航空运输协会的统计，全球航空业自2001年“9·11”事件发生起就开始了每年的巨额亏损。全球航空业在遭遇各种恐怖事件、SARS侵袭、禽流感和油价暴涨等问题后累计亏损421亿美元。经济全球化及简化管理的航空运输政策加剧了航空公司之间的竞争，导致航空运输业成为微利行业。根据美国运输协会调查，美国航空运输业的年利润只占总收入的1%~2%。世界航空运输业的平均利润率只有1.6%左右，世界前100家航空公司的平均利润率也只有5%左右。因此，相对于其他许多行业而言，航空运输业的利润率很低。此外，经济全球化使得航空运输市场一体化的进程加快，合并和联盟是当今世界航空运输业发展的一大潮流。航空运输业的利益也在联盟和合并的大潮中按照各航空公司的实力对比进行着重新分配，此时航空公司规模成为竞争力的重要体现。

“十五”期间，我国航空运输平均增长速度保持在14%左右，高于GDP的增长速度及其他运输方式的增长速度。国家经济实力的增强及广大人民生活水平的大幅度提高，是民航行业和航空公司能够保持快速稳健发展的基础。自“9·11”事件发生后，全球航空运输坠入低谷，但中国航空运输仍然保持快速发展。2000年以后，我国客运周转量的增长率始终保持在10%以上。2006年实际完成运输总周转量302亿吨公里、旅客运输量1.6亿人和货邮运输量342万吨，分别比上年增长15.7%、15.9%和11.5%。我国在国际民航组织缔约方中的排名从1978年的第37位上升至第2位，拥有了全球仅次于美国的第二大航空运输系统。并且在 2008 年北京奥运会的影响下，中国航空运输业自 2006 年起进入了需求的旺盛期。

事实证明，航空业的规模化经营具备一定的竞争优势。规模较大的航空公司在飞机采购、租赁、保险及销售代理等方面均具有较强的市场议价能力，选择同一机型或同系机型时在航材采购及储备、飞机维修等方面具有协同效应。并且，随着规模的扩大，航空公司可以争取到更多的航线及航班资源，从而在飞机调度及收益管理等方面更具灵活性，进而转化为成本优势。同时，规模较大的航空公司在优化航线网络、增强市场影响力及提高市场占有率等方面更容易形成竞争优势。国有航空公司（国航、南航、东航）主导着市场，作为地方性民航公司的海南航空虽然处于成长期，且正呈现高速发展的态势，但在资产规模上仍然无法与三大国有航空公司相抗衡。

在我国国有航空公司的资产规模排名中，国航排名第一，南航和东航分列第二位和第三位，海航位居第四。海航相对于三大航空公司中资产规模最小的东航，也存在着近 243.67 亿元的差距（如图 1-4 所示）。

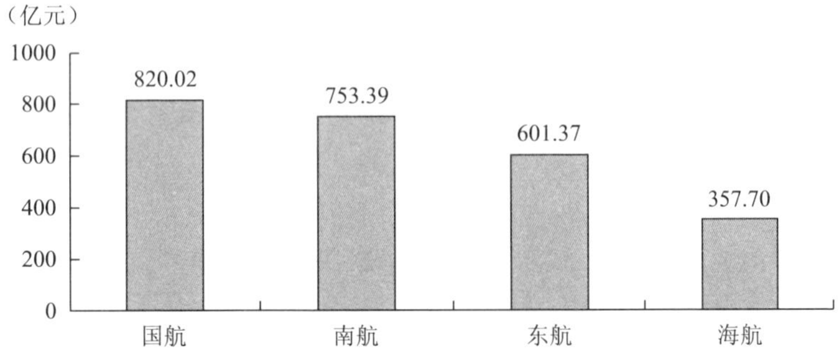

图 1-4　国内四大航空公司资产规模比较（截至 2006 年底）

资料来源：根据海航、南航、东航、国航官网资料整理而成。

在国内四大航空公司拥有的飞机数量、航线数量及通航城市数量方面，截至2016年底，南航飞机最多、航线网络最密集，东航次之，国航第三，海航第四（见表1-3）。在市场份额及运力份额方面，海航占有率低于其他三大航空公司（如图1-5所示）。

表1-3　国内四大航空公司拥有的飞机数量、航线数量及通航城市数量比较（截至2006年底）

指标	国航	南航	东航	海航
飞机数量	207	360	205	127
航线数量	368	608	423	500
通航城市数量	106	152	136	90

资料来源：根据海航、南航、东航、国航官网资料整理而成。

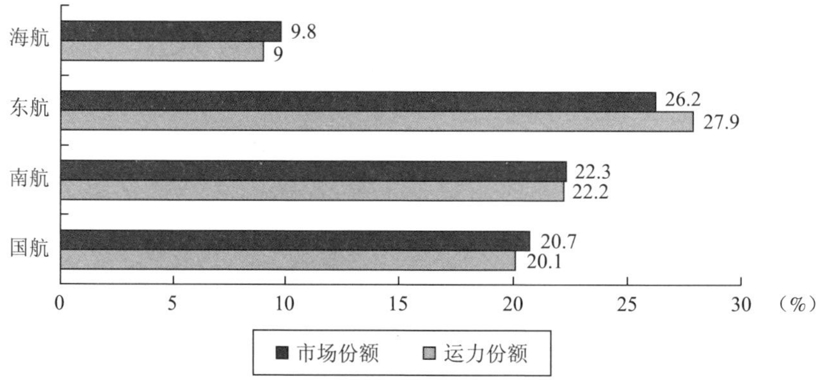

图1-5　国内四大航空公司市场份额及运力份额比较（截至2006年底）

资料来源：根据海航、南航、东航、国航官网资料整理而成。

面对困境和机遇，海航集团管理层决定迅速扩充企业规模，以求发展。在2008年金融危机后，海航集团迅速扩张，除了此前顺势开展的机场、地产和酒店业务外，又先后成立大新华物流、大新华航空、海航资本、海航商业、海航置业、海航基础、海航旅业等产业集团，以及北方总部等区域集团，确立了八大业务板块（机场服务、航空运输、房地产、酒店服务、旅游服务、金融服务、物流、商业销售及其他）。掌门人陈峰给予各板块充分的自主性。一方面，他令各业务板块找标杆企业对焦。例如，航空板块对标汉莎航空集团，物流产业确立的标杆是联邦快递，旅游业对标美国运通，商业对标世界第一的沃尔玛，机场业务的学习对象是英国机场集团，置业对标嘉德置地。另一方面，他鼓励收购兼并。

这种“万马奔腾”的扩张策略于2011年初演变成一个令外界震惊的“超级X计划”。这一计划的核心目标是，2015年海航集团以6000亿元总资产进入世界100强，2020年以约1.3万亿元总资产进入世界500强的第20~30位，2025年以约1.6万亿元总资产进入世界500强的前10强。不过，由于被并购的企业资产状况良莠不齐，加上海航集团管理机制及人才资源亦未能及时补给，因此诸多收购项目未达预期目标，“超级X计划”一度失控。陈峰很快意识到了这一点。

（四）海航多元化战略调整

在宣布“超级X计划”仅仅半年后，为应对全球金融危机带来的经济滑坡，海航集团又很快启动“关停并转”的计划。“各产业集团砍掉15%的公司，实行末位淘汰制，亏损的公司该关门的关门，该黄牌警告的给予黄牌警告，限期扭亏为盈。”陈峰在土耳其伊斯坦布尔召开的2011年中会议上曾如此警示。这一措施的执行堪称迅速而有力。自2011年7月至今，重拳之下的海航已累计关停并转企业超过260家。以往确立的八大产业板块也于2012年8月被优化为航空、资本、实业、旅游、物流五大板块，海航还撤销了华南、华北、东北等众多区域总部，以遏制投资冲动。认清企业面临的形势以及战略资源与能力，明确企业的发展方向和战略目标，继而制定和实施切合企业实际的发展战略，这是企业形成并保持核心竞争力的基本规律。

海航集团在不断探索与尝试中前进，致力于成为现代服务业综合运营商。从全球范围来看，现代服务业已成为全球经济发展和结构调整的主导产业，也成为支撑一些新兴经济体快速发展的支柱产业。它以现代科学技术特别是信息网络技术为主要支撑，建立新型商业模式、服务方式和管理方法，发展速度快，发展空间大，是我国今后重要、稳定的经济增长点。此外，对于以旅游休闲为主导的地区，现代服务业的发达程度已经成为旅游休闲胜地发展水平和旅游休闲经济竞争能力的重要标志。

海航集团的战略制定力求在更大范围内集聚人流、资金流、信息流等经济发展要素，整合产业链，使产业链提升为价值链，从而为其发展注入强大动力，提升核心竞争力。基于价值链，海航集团将其核心产业由传统航空运输拓展到航空旅游、现代物流和现代金融服务，成为海航集团如今的三大支柱产业，通过现代化服务汇集人流。国际化资本运作给海航集团注入新鲜的血液，提供源源不断的资金流。利用信息网络技术协同其各大产业间的发展，使企业由传统经营转向创新性经营。其战略布局思想可以归纳为“三位一体”相关多元化战略总体布局，如图 1-6 所示。

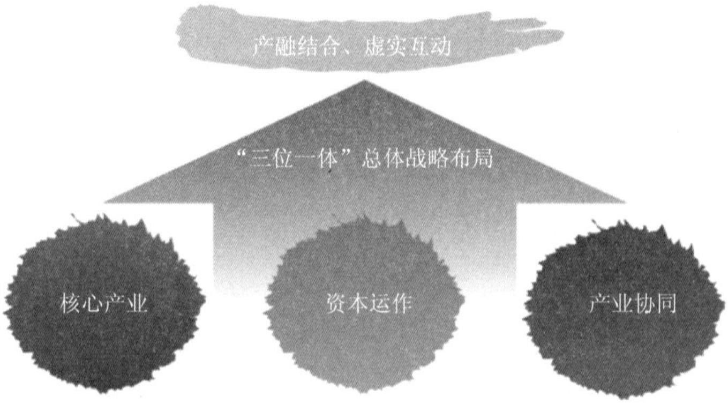

图 1-6 海航集团“三位一体”相关多元化战略总体布局

资料来源：根据海航集团提供的资料整理而成。

在图 1-6 中，“三位”是指坚持将核心产业、资本运作和产业协同相结合的理念，“一体”指的是在此基础上形成一种“产融结合、虚实互动”的多元化发展商业模式。将核心产业结合国际化资本运作及构建的战略协同体系，形成具有核心竞争优势的商业模式，是海航集团的“秘密武器”。

三、基于核心产业的相关多元化战略布局

（一）航空旅游：构建现代旅运链促转型

海航集团构建的现代旅运链，即以航空为主体，以旅游为辅助，依托海南航空、西部航空、祥鹏航空等航空资源积极拓展旅游相关产业链条。

2003—2007 年，包括中国经济在内的全球经济正处于新一轮的繁荣时期，经济持续快速增长。随着居民收入水平的提高，旅游等

服务业逐渐成为新的经济增长点，并得到了国家政策的大力扶持。海南拥有得天独厚的自然环境和资源特色条件，而且具有较大市场空间和区位优势，是旅游业发展的重要基础。由于海南省与内地交通不便，航空运输成为联系内地的主要交通客运与货运工具，海航作为海南省唯一的地方航空企业，具有得天独厚的地理优势。除此之外，旅游业作为海南省的支柱产业，国家政策对于税收等方面给予了极大的优惠，海南省政府更是大力扶持，为海航提供了发展契机，对旅游也起到强大的支撑作用。

考虑到海南省发展旅游业的独特优势、旅游与航空产业的高度相关性及海航对旅游产业的熟悉程度，海航集团决定以酒店业为突破口，实施从航空客运向现代旅游产业链的拓展。1997 年 9 月，海航注册成立酒店公司，尝试经营与航空运营相关的酒店业务。1999 年，组建酒店集团，实现酒店业务专业化发展。到 2002 年，海航旗下成员酒店达 9 家，成为国内最大的连锁酒店集团之一。2008 年，海航创立唐拉雅秀酒店品牌，意在打造中华民族的世界级酒店品牌。目前，唐拉雅秀作为中国的酒店品牌已成功进入欧洲、美洲、亚洲。天津唐拉雅秀酒店 2012 年获美国优质服务科学学会（AAHS）“国际六星钻石奖”，为中国大陆首家、世界第 6 家，打破了中国内地高端酒店始终无缘于“国际六星钻石奖”的坚冰。

在发展酒店业务的同时，海航还积极拓展旅行社等其他旅游业务，并于 2002 年注册成立幸运国旅，统一管理公司旗下的旅行社业务。2004 年，海航进一步成立旅游产业集团，实现了酒店业、旅游业互动发展。2005 年，海航将金鹿航空和金鹿公务机等航空公司纳入旅游产业集团，初步形成了“航空+旅游”的基本业务格局。2007 年，旅游产业集团正式更名为海航旅游控股集团。截至 2012 年底，海航旅业主营业务涵盖航空、传统旅游、旅游金融、酒店、IT及互联网等五大产业，拥有首都航空、金鹿公务机、首航直升机、海航易生控股、大新华运通国旅、香港康泰、凯撒旅游、新华旅行、海航酒店、海航邮轮游艇、海航思福汽车、上海华势科技、海岛一卡通、易建科技、东方慧思等20余个成员品牌及1家上市公司（九龙山），目前运营48家旅行社、473家旅游门店、38家货币兑换门店及16974间可出租酒店客房。

机场业务是航空旅游产业链的重要组成部分。2000年8月，海航重组海口美兰机场。2002年6月，重组三亚凤凰机场；同年，国家推动进一步确定机场的市场主体地位的民用机场属地化管理体制改革。海航抓住机遇，于2004年1月成立机场集团，并确立了管理输出、境外扩张的长远战略目标，迅速推进机场重组和产业集团的规模扩张。截至2012年底，机场集团旗下管辖机场15家，一跃成为中国三大机场集团之一，其中三亚凤凰国际机场和美兰国际机场已于2011年底，双双实现旅客吞吐量突破1000万人次。

商业是航空主业的关联产业。2003年，海航通过重组西安民生进入了商业流通领域，迈开了海航商业大发展的重要一步。重组西安民生之后，海航又陆续并购重组了宝商集团、陕西晶众家乐、汉中世纪阳光等企业。2007年9月，海航商业控股有限公司成立。到2012年底，海航商业拥有门店240余家，业务涵盖百货、零售、超市、大卖场和免税店等多种业态，拥有西安民生和宝鸡商场两家上市公司。

除旅游、机场和商业外，房地产也是构成海航航空旅游战略链的自然延伸。2004年，海航基建房地产板块整体改组为扬子江地产集团有限公司。2005年，海航成立基建办公室，基建业务与房地产业务分立。2007年5月，海航置业控股集团有限公司正式成立，依托航空、机场、酒店、旅游、商业等产业资源的支持，积极储备土地资源，在地产开发和物业经营领域成功拓展了海航航空旅游产业链。

（二）现代物流：升级航空物流链谋发展

海航集团依托已有的机场资源、航线网络及航空公司运营经验，适时抓住市场机遇进军航空物流业，进而逐步扩展到大物流产业。

2001年，中国经济的快速增长和居民消费水平的提高，拉动了包括地面物流、水运、海运在内的国内物流行业的快速发展。与此同时，行业的快速发展也引起了国家对物流体制改革的重视。民航局、国家发改委等相关部门在2004年先后出台了《关于加快发展国内航空货运若干政策措施的意见》《关于促进我国现代物流业发展的意见的通知》等行业支持政策，从而进一步促进了国内物流业务的发展。

海航敏锐地意识到了物流行业广阔的发展前景，于2002年注册成立扬子江快运，之后又积极引进全货机拓展国内外货运航线网络。但是，由于航空货运业务货源渠道主要由“货代”控制，作为运输环节的航空货运在整个物流产业链中的附加值相对较低，而按照“入世”承诺，中国自2005年1月起须向外资开放物流服务领域。由此，海航管理层意识到，重塑海航物流业务布局、实现战略转型势在必行。为此，海航一方面积极拓展地面物流网络，以支持航空货运业务的发展；另一方面大力延伸物流产业链，丰富物流产业布局。2004年，海航成立扬子江物流，开始切入下游的物流配送市场，并逐渐形成了自己的物流渠道。2007年，海航成功重组天津海运，开始涉足海运业务。2008年，海航成立大新华轮船有限公司。同年，海航组建物流集团，通过业务整合和信息化建设，业务涵盖空运、海运、港口、码头、仓储、配送等全方位的物流业务，初步建成了集海运、空运、地面物流为一体的物流产业链，标志着海航集团现代物流产业架构基本成形。2009年6月，海航成功重组舟山金海湾船业有限公司，进一步将物流产业链延伸至上游造船业务，实现了海航物流业务发展的新跨越。

（三）现代金融服务：打造金融大平台做支撑

海航集团全力发展消费金融业务，迅速扩大集团的业务规模，引入大量现金流，提高集团未来的收益和利润。

2001年以来，随着经济的快速发展和金融体制改革的推进，我国金融业进入蓬勃发展期。从1000万元起步的艰难创业历程和航空运输业高投入的行业特性，使海航从一开始就充分认识到了金融业对于实业发展的重要意义。而GE等国际知名企业实体产业与相关金融产业良性互动的成功，也给了海航在发展实体产业的同时涉足相关金融业务有益的启示。与此同时，海航在不同发展阶段与国内外金融市场的多次接触，使得海航对各类金融业务并不陌生。2001年初，经过对国内外金融行业发展趋势和国际知名企业产融结合实践的深入分析，海航董事局认为“产业资本和金融资本的融合是20世纪下半叶全球经济发展的一般特点和普遍规律”，进而在借鉴GE等国际知名企业发展经验的基础上，做出“建立金融平台”的战略决策。从此，海航从与航空业务联系最紧密的飞机租赁业务起步，逐步开始了对金融业务的探索发展。

航空运输业属于资本密集型产业，其中飞机和发动机等航材是航空公司最重要的资产，国际上各航空公司60%以上的飞机主要通过租赁方式引进。而当时国内引进的飞机租赁业务基本被外国公司垄断，航空公司大量利润外流。为打破外国公司垄断，为行业也为自身争取更多的利益，海航于1999年萌发“挺进中国航空租赁业”的想法，并积极与国内相关领域公司接触。2003年，海航重组重庆长江国际租赁（2006年更名为扬子江国际租赁有限公司），正式进军租赁业，从而开启了海航实体产业与相关金融业务互动发展的新阶段。

此后，随着实体产业发展需要，海航先后进入飞机保险、保险代理、信托、期货、基金等金融业务。到2015年，海航资本介入了投资银行、租赁、保险、信托、证券、银行、期货、基金、保理等传统或创新金融业务，拥有各类成员公司30余家，业务覆盖北京、天津、上海、深圳、香港、新加坡、悉尼、都柏林、纽约等全球30余个大中城市。

四、多元资本运作模式支撑主业发展

被冠以“航空界的魔术师”“资本运作高手”等称号的陈峰当年去华尔街向索罗斯融资2500万美元的事迹一度使其成为中国资本市场的神话。陈峰回忆道：“当时我和我们的副总经理跟对方谈了两天，我们向他们讲述了海航100万美元发展起来的奇迹故事，他们都被打动了。”在资本高度密集的航空运输业，海航通过多元资本运营方式，以最低的成本筹措企业发展所需资金并及时有效地投入经营，实现了资本密集型产业的快速发展。

（一）出让股权的直接融资模式

1992 年，在我国颁布《股份制企业试点办法》的背景下，海航开始了第一次直接融资。1993 年，海航以 1334.0552 万元国家股，与中国光大国际信托投资公司、交通银行海南分行、中国国际旅行社总社、海南航空进出口贸易公司等 17 家法人单位共同发起、组建了海南航空股份有限公司，注册资本为 25010 万元，总股本为 25010 万股。这次融资开启了海航资本市场的建立和发展。

1995 年，海航开始第二次直接融资，向美国航空有限公司出让 1 亿外资股股份，每股价格为 0.2449 美元，共获得 2500 万美元股权转让金，折合人民币 2.079 亿元，占当时总股本的 25%。自此，海航进入国际资本市场。

第三次直接融资是海航发行 A 股和 B 股。1997 年，海航在境内发行外资股 B 股 7100 万股，发行价格为每股 0.47 美元，公司取得募集资金 3337 万美元，折合人民币 27669 万元。发行 B 股后，公司的注册资本为 4.71 亿元，在满足公司外汇需求的同时也平衡了公司的股本结构。1999 年，公司 A 股在上海证券交易所挂牌上市，上市总股份为 20500 万股，发行价格为每股 4.6 元，募集资金近 9.43 亿元。A 股发行后，公司注册资本为 6.76 亿元，公司总资产达到 66.02 亿元。

经过这三次直接融资，海航由起初的资金严重“贫血”企业转变成资金达到一定规模、资本结构合理、负债率较低的企业。

（二）银企合作和发行债券的间接融资模式

1993 年，海航以初次募股集资的 2.5 亿元资产作为抵押，初步从银行获得大额贷款6.48亿元，购买了两架波音737客机，又以这两架飞机作为抵押，从美国引进两架波音737客机，组建了海航机队，这意味着海航拥有了更多间接融资的信用担保。此后，海航陆续与中国银行、中国农业银行、中国工商银行、中国建设银行等金融机构签订了银企协议，获得大额长期信贷，并在美国三次成功地发行债券，共计4.34亿美元。

可以看到，海航的这种间接融资模式与直接融资模式相辅相成。一方面，为企业扩大运力、购买和租赁飞机提供了资金保证；另一方面，这种间接融资方式比直接融资方式更具资金成本低、保持现有股东对企业的控制权等优点。

（三）国内外兼并重组和控股经营模式

到2000年，海航的资金实力大大增强，并在企业机制和经营管理等方面形成了明显竞争优势，具备了利用企业的经济实力及经营管理经验购买、托管其他企业股权而达到控制其他企业资产经营、实现自身发展目标的条件。2000年以后，海航抓住我国民航业改革和重组的机遇，根据多元化发展战略，进行了一系列的企业资产重组活动。

通过横向一体化做大做强航空主业。2000年8月，海航与长安航空实业公司重组，组建长安航空有限责任公司，注册资本为7.54亿元，其中海航集团有限公司出资4.5亿元，海南航空股份有限公司出资2亿元，共占注册资本总额的86.1%。2001年，海航重组原山西航空公司，新组建的山西航空有限责任公司注册资本3.2亿元，其中海航股份出资2.85亿元，占注册资本的89.06%；同年，海航与神华集团重组中国新华航空公司，注册资本18.3亿元，其中海航股份以现金 1.25 亿元和价值 8.08 亿元的飞机及航材设备共计出资 9.33 亿元，占注册资本的 51%，海航集团出资现金 1.65 亿元，占注册资本的 9%。

通过纵向一体化达到延长产业链的目的。2000 年，海航应民航总局和海南省政府的要求对美兰机场进行重组，采取增资扩股的方式，公司注册资本追加到 13.5 亿元，股东单位增至 6 家，其中海南航空股份有限公司以 4.05 亿元的出资占注册资本总额的 30%，成为第一大股东，海航集团出资 3.79 亿元，占注册资本的 28.1%。2002 年 6 月，受海南省政府委托，海航托管运营海南机场股份有限公司及其控股公司三亚凤凰国际机场有限责任公司的国有股权。海航其他产业的发展也采用企业重组、企业经营承包、企业托管等多种方式。

海航在国内发展多元化的同时也积极并购国际优质资产项目，以期日后的资产增值。面对日益加剧的国际化竞争，海航集团开始逐步尝试扮演“大型国际投资者”的角色（见表 1-4）。除了购买 38 架波音高端客货飞机外，其收购目标更是包括匈牙利航空公司、土耳其航空公司、GE Seaco、法兰克福建筑公司机场资产及高端连锁酒店集团安缦居及 NH 酒店公司，涉及金额高达数百亿元。境外实体企业 28 家，总资产 752 亿元，占集团总资产的 21%；境外企业总收入 136 亿元，占集团总收入的 11%。

表 1-4　海航集团国际化进程

年份	国际化进程
2002	美兰机场在中国香港联交所成功上市
2006	控股中富航空和港联航空，并分别将其更名为香港航空、香港快运
2007	收购比利时 Sode、Edipras、Data Wavre 三家酒店

续表

年份	国际化进程
2010	收购澳大利亚 Allco 航空业务，并更名为 Hong Kong Aviation Capital；国际管理总部迁往中国香港地区
	投资挪威奥斯陆船舶投资与租赁公司（SinOceanic Shipping）
	控股土耳其 MYTECHNIC 飞机维修公司
	与泛洋船舶经纪有限公司在新加坡合资成立大新华油轮有限公司（GC Tankers）
	收购荷兰 Fairstar 重型运输公司股权，专注发展海上重型运输服务
	收购中国香港美辉证券
	收购全球第二大半潜船公司挪威海洋重型运输公司（OHT）的股份，致力于拓展该公司在远东地区的海洋工程项目
2011	控股中国香港最大旅行社康泰旅行社
	全资收购世界业内领先的集装箱租赁公司 GE Seaco
	收购土耳其 ACT 货运航空公司股权，并将之更名为 MYCARGO
	收购美国 Aberdeen 旅游公司，致力于建立全球销售体系
	收购中国香港凯撒旅游股权，合作发展出境旅游业务
	收购美国纽约曼哈顿的 1180 写字楼
2012	与中非发展基金有限公司、加纳 SAS 金融集团、加纳社保基金四方共同投资加纳 AWA 航空
	收购纽约 Cassa 酒店
	收购澳大利亚悉尼市 One York Street 写字楼
	收购法国本土第二大航空公司蓝鹰航空股权
2013	收购西班牙 NH 酒店 20%股权

资料来源：根据海航集团提供的资料整理而成。

五、多元协同的集团企业构筑“海航梦”

海航集团董事局执行董事长王健曾经说过：“企业要想通过转型进一步做大做强，必须由聚向散发展，由被动向主动发展，把握散和聚的度，做到‘形散神聚’，各产业要有战略的眼光和视角，在思想、理念、模式、行动等方面实现由泥瓦匠到设计师再到伟大建筑师的转变。”而由“形散”到“神聚”的关键，就是产业协同。

协同效益像纽带一样把海航多元化业务有机结合起来，不仅可以降低成本、分散市场风险，还可以实现规模效益，从而使海航集团各产业之间能够更有效地整合资源并且充分利用现有优势开拓新的发展空间。新的战略观提出，公司的目标不仅要为顾客创造价值，而且要动员顾客为自己创造价值；战略分析的中心不再是公司本身，甚至不再是整个产业，而是整个产业价值链系统。海航所力求的是将所有业务价值活动有序连接，构成一条产业链，同时也是一条价值链。海航基于多元产业之间的协作关系，整合成物流链、资金链和信息链。这与海航集团的特有组织结构及基于产业协同所形成的核心竞争力息息相关。

（一）组织结构：集团化三级战略管控模式

海航构建“集团总部—产业集团—成员企业”三级战略管控模式，形成了具有自身特色的“集团多元化、利润中心专业化”的母子公司管控体系。如果形象地将海航比喻成一棵大树，那么树干和主枝是集团总部，小的枝干是产业集团，树干、花和果实是成员企业，提供营养、支撑和稳定性的根系则是协同效益。

海航集团有限公司是海航集团总部，是产业集团的母公司，是全集团的决策中心、战略管理中心、监控中心、资源管理中心。海航集团各下属产业集团定位于战略管控型控股公司，具有独立的企业法人资格，拥有完善的内部管理机构；产业集团主要对下属企业行使出资人对子公司的管理权利，对成员企业进行专业化管理，是成本利润中心、产业计划中心、企业管理中心、品牌营造中心。成员公司是集团生产经营计划的具体实施者，是市场与产品的主体（如图 1-7 所示）。

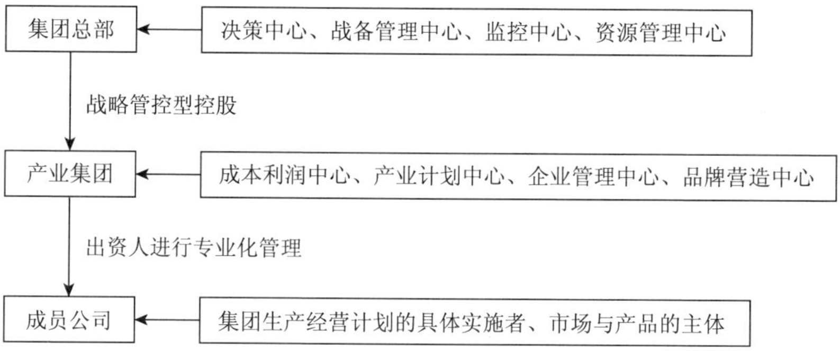

图 1-7 海航集团的“集团总部—产业集团—成员公司”三级战略管控模式

资料来源：根据海航集团提供的资料整理而成。

表 1-5 海航产业结构及协同

产业集团	运营业务	协同作用
海航航空	航空客货运、航空维修、通用航空等	掌握大量客户资源
海航实业	基础产业、供应链运营	提供资本和实体企业
海航资本	租赁、保险、信托、证券、期货、投资银行、基金、保理、股权投资、担保	提供大量现金流
海航旅游	航空、酒店、旅游金融及传统旅游、IT 互联网	产业协同的主体及创新实验基地
海航物流	船舶与海洋工程建造、海运业务、互联网金融、专业物流	创造更多收入

资料来源：根据海航集团提供的资料整理而成。

各产业集团负责不同的运营业务（见表 1-5），集团总部则会根据市场需求，适时调整各产业集团下属成员企业的归属。产业间互相交融，海航资本通过其融资功能为海航航空、海航旅游、海航实业等提供扩张资金，进而又可将其产品通过金融手段进行规模放大；另外，海航航空、海航旅游及海航实业又可通过物流互联网金融扩大其客户规模和收入规模，物流互联网业务则需要传统航空及旅游等业务的资源支持。此外，海航还建立了战略规划管理体系、投资管理体系、财务管理体系、人力资源管理体系、风险控制体系、采购管理体系、服务协调管理体系、信息管理体系等八大管理体系，搭建了各管理系统间的协调联动机制，为发挥协同效应奠定了良好的基础。

（二）信息平台："一网一卡一中心"

海航通过构建"一网一卡一中心"，以海航旅业为试点，尝试推行此模式，实现产业链垂直一体化整合，发挥协同效应。"网"是消费者从海航购买服务的渠道总合。"卡"代表一篮子的产品和服务，是连接消费者的纽带，是实现新的消费方式的工具。"中心"是整个体系运转的大脑，包括创新产品的研发中心和创新商业模式的孵化中心。通过这种"一个脑袋两只脚"的协同模式，实现价值链整合，凸显其核心竞争力。

此信息平台的构建，是借助实体资源优势和虚拟网络平台，实现客户的规模发展，掌控顾客，同时以客户资源为基础，大力发展消费金融业务，反向整合内部资源，最终形成资源带动客户、客户驱动资源的良性循环，形成"一网一卡一中心"的产业协同模式，如图 1-8 所示。

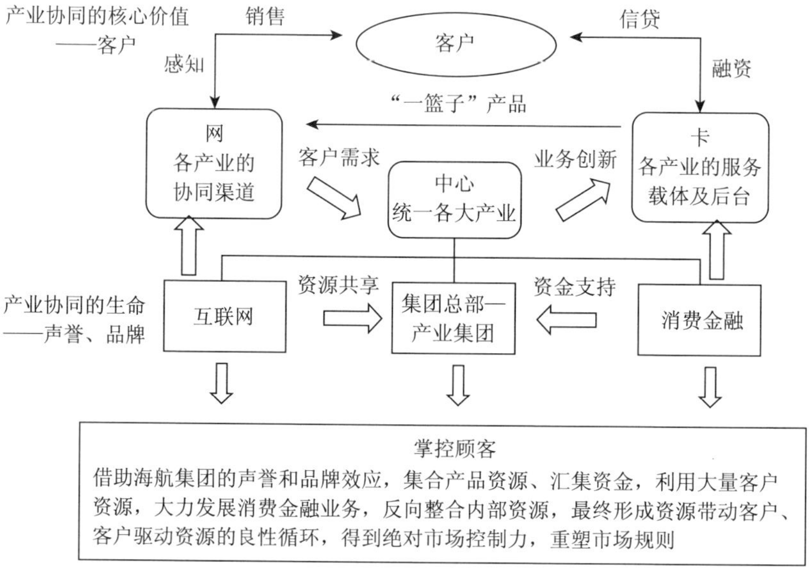

图 1-8 "一网一卡一中心"产业协同模式

资料来源：根据海航集团提供的资料整理而成。

具体而言，各产业在业务运营过程中会产生大量的数据流、资金流、产品流等，这时集团总部这个"中心"开始发挥其作用，统一协调各大产业内的协同小组，不断将业务数据信息进行汇总更新，采用先进的分析系统寻找业务创新点。各产业间可通过互联网来咨询、检索客源信息，发现客户个性化需求，而集团总部这一"中心"可在强大的资源基础上，为客户提供满意的产品和多元化服务，并最终以"卡"的方式提供给客户。

现代科技为产业协同提供了便利的手段。在推动各产业内不同业务协同发展的同时，海航还积极借助"云计算"技术，推动产业之间的协同，实现资源整合与共享。"云计算"就是将分散的资源重新组合为虚拟的资源池，以服务的形式提供给资源拥有者和资源需求者，奉献和获取相互促进，最终形成聚则成势、散则成形的良性循环。通过“云思想”和“云技术”，改造重组海航集团的业务结构及管理体系，把产业中各种实体资源（如机票、酒店、景区等）虚拟化，变成一个或多个“云”。“聚则成势”是指把多个的“云”聚集起来，通过传感中枢，将其共性核心信息（如客户、产品或服务、交易量等）积累成势；“散则成形”是指与客户形成需求与资源的互动式良性循环，各产业集团根据客户需求智能化集成整合资源，并提供多元个性化服务。

海航从专业的平台逐步上升到更大的平台，各个产业有各自的专长，各产业都在努力打造自己的商业网，最后形成一张整体的价值网，打造全新平台，在各产业专业化发展形成“专业云”的基础上，通过在资源、产品设计、服务、销售、支付等环节上的协同，构建航空旅游、物流、金融及商业等产业链，实现“行业云”；通过产融、虚实结合，推动航空旅游、现代物流和现代金融三大产业链之间的协同，实现产业链之间的良性互动，构建“海航云”；打通外部渠道（银行、第三方支付），对接外部资源（交通、医疗、教育），构建海航集团“智慧云”，并最终通过“海航卡”把产品和服务展现给消费者，如图 1-9 所示。

海航通过产业协同产生的核心竞争力，是超越其他竞争对手的独特优势所在。海航将资源和能力进行有效结合，发挥各个产业集团的协同效益，形成合力，并通过以产品为中心的商业链，发展成垂直化产业链，并把产业链上升成为价值链。具体而言，海航紧扣消费者的旅游需求，围绕航空、机场、旅游、酒店、商业、地产等业务，构建了“人畅其行”的航空旅游产业链。围绕“物畅其行”的理念，实施造船、机场、航空货运、仓储、配送、海运、港口、虚拟物流等业务协同发展战略，打造了海、陆、空一体化的物流产业链。着眼于实体产业的金融需求，积极发展产品齐全的金融业务，为客户提供一站式的综合金融服务。

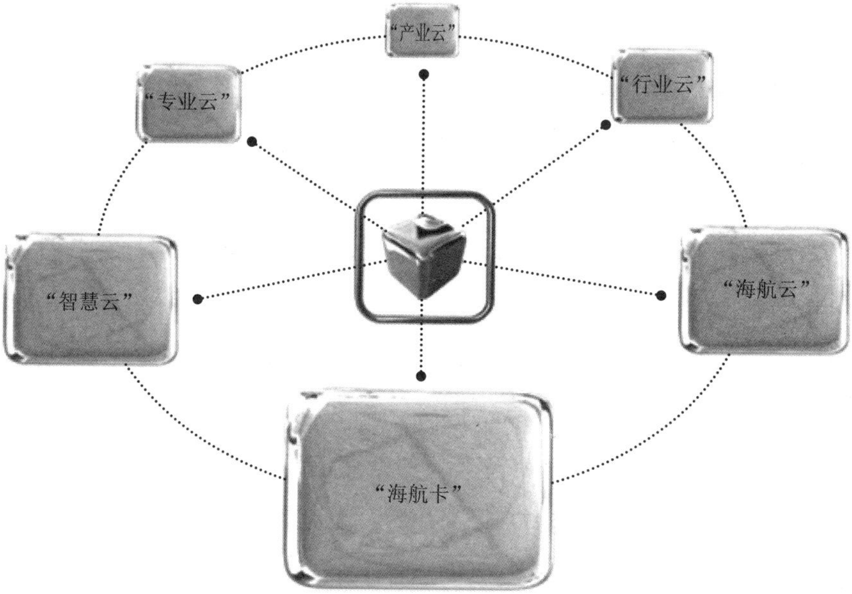

图 1-9 “一网一卡一中心”的全新平台

资料来源：根据海航集团提供的资料整理而成。

（三）绩效管理体系：集团打造 E-HR 多元绩效考评系统，激励企业自发协同

海航集团的绩效考评方式是通过集团人力资源部 E-HR 研发中心自行设计的多元绩效考评系统实现的。E-HR 系统基本涵盖了海航集团 HR 管理的所有业务，形成业务全面、操作便捷、界面友好的信息共享和工作平台，同时也是集团其他业务系统不可或缺的数

据支撑，从而有效促进资源的共享，最大化发挥协同效益。

海航集团的E-HR系统，满足了集团在百余家下属企业、4万多名员工的企业规模下的人力资源管理需求，将人力资源管理提升到新的信息化高度。此系统根据不同级别构建四个平台，即CEO平台、直线经理平台、HR业务管理平台及员工自助平台，每个平台各有相应功能，为集团总部与产业集团之间以及产业集团和各成员企业之间获取人力资源指标带来了便利，更加有利于产业集团的业务指标考核，并起到很好的激励作用。

海航的发展战略及绩效目标构建以五年为周期，由海航集团战略规划编制委员会（海航集团董事局执行董事长王健任委员会主任，海航集团董事局执行副董事长兼首席执行官李先华、海航集团董事局执行副董事长兼总裁谭向东任副主任，海航集团董事局执行董事兼执行总裁黄玕任委员）牵头制定总体的中长期发展战略，并在此基础上制定各业务板块的中长期发展规划，形成海航中长期规划体系，明确未来发展方向与方针；在此基础上，通过年度会议，将中长期规划转化为具体可实施的海航总体及各业务板块的年度经营计划与预算，从而由规划制定环节转向实施环节；在规划实施过程中，通过一系列的周、月、季度、半年度、年度会议，强化对规划实施的严密监控，保证规划实施的进度和效率；通过季度、半年度和年度会议，对规划实施的外部环境和实施效果进行评估，以反思规划和年度计划的科学性，判断调整的必要性。

根据考评对象及业务的不同，海航集团实行相应的年度、半年度、季度、月度或更短周期的考评，比如市场销售等业务部门实行以7天为周期的考评，而对经营团队的考评实行以年为周期的考评。海航集团考评内容一般包括财务指标、重点工作指标、长期发展指标、员工敬业度指标、安全指标、360°评估等，专项考评则通过各管理体系或与外部咨询公司合作进行，同时根据每年重要工作的不同而进行调整。考评结束后，及时向被考核者反馈考评结果，并有针对性地开展绩效面谈提升工作。海航强调严格奖惩、有效激励，高度重视绩效考评结果的价值，对照年度生产经营指标和重点工作，落实工作责任和考核结果应用指导意见，在考评组织实施结束后半年内完成结果应用，优胜劣汰。对于绩效优秀的干部员工，按照其个人特质不拘一格地选拔任用；对年度考核排名后 10% 的干部员工，采取减薪、调岗等措施予以惩处。

案例结语

“幸福的家庭都是相似的，不幸的家庭各有各的不幸。”托尔斯泰的这句名言如果用到企业身上却刚好相反——失败的企业都是相似的，成功的企业却各有各的“真经”。

自 19 世纪 80 年代的“托拉斯”运动开始，世界多元化经营大潮便一浪高过一浪，而国有企业也纷纷融入其中，开始了自己的多元化战略经营。大量事实表明，由于外部经济条件的不健全以及自身管理经验的薄弱，我国企业多元化经营的负面效应要多于正面效应。然而，什么样的多元化战略才是安全和有效的呢？究竟如何实施多元化才是安全和有效的呢？海航集团的相关多元化战略，作为一种创新性的尝试，或许可以给中国企业一些启发。

首先，海航集团的相关多元化战略根植于核心产业，才能形成核心竞争力；其次，打造产融结合、虚实互动的独特商业模式，重视多元资本运作模式充分支撑主业发展；最后，通过集团三级战略管控模式、信息共享平台的搭建及自行设计开发的多元绩效考核体系，发挥产业协同效益，由此拓展到其他产业。海航的多元化发展带来了富有传奇色彩的巨大成功——2015 年，海航进入财富世界 500 强榜单，2017 年跃升至该榜单 170 位。目前的海航，拥有全球最大的 IT 分销商、全球最大的航食供应商、全球最大的航空及地面服务供应商，拥有全球第二大规模机队、全球第二大规模酒店、第二大集装箱租赁业务集团以及世界第三大飞机租赁业务集团。截至 2017 年底，海航实现年收入近 7000 亿元，为社会提供就业岗位超过 43 万个，资产规模近 1.5 万亿元，累计纳税逾 610 亿元。

当然，海航集团的快速扩张也带来一系列问题，其中最为突出的就是紧绷的资金链，甚至有业内人士戏称海航在玩“十口井七个盖”的戏法。在被点名批评以后，海航从 2017 年开始连续出售旗下酒店、土地、房产等海内外资产。耐人寻味的是，2018 年 3 月，海航集团旗下上市公司天海投资宣布巨资入股并重组北京当当科文电子商务有限公司及北京当当网信息技术有限公司。海航集团资金链的真实情况，局外人显然无法判断。但作为一家航空母舰级超大型企业，并购或剥离资产、收购或转让股权，也许都服从于企业战略考量和发展需要。海航集团自成立至今，资金链一直都是紧绷的；虽然曾经数次历险，最后都化险为夷。作为本案例的执笔人，笔者也愿意看到海航集团能再次演绎发展“神话”。

海南橡胶的国际化之路

采编/撰写：李世杰　杨夏平

案例摘要：本案例描述了海南天然橡胶产业集团股份有限公司从一个计划经济体制企业，逐步实施改制，再到上市，最后走向国际化的历程。虽然随着时间的推移，企业面临的新问题也在不断出现；但是该企业将国际化战略规划贯彻到底、保持现今增长势头的目标，不仅激励着“海胶人”在创新中谋发展，并且其创新历程更为我国企业的发展提供了参考和借鉴。

案例关键词：国有企业；体制改革；战略性资源；国际化

一、引言

橡胶行业是国民经济的重要基础产业之一。它不仅为人们提供日常生活不可或缺的日用、医用等轻工橡胶产品，而且为采掘、交通、建筑、机械、电子等重工业和新兴产业提供各种橡胶制生产设备或橡胶部件。橡胶工业是随着汽车工业发展起来的。20 世纪 60 年代，汽车工业与石油化学工业高速发展，使橡胶工业生产水平有了很大的提高；70 年代，为满足汽车高速、安全、节能和防止公害等方面的需求，轮胎的新品种层出不穷。原料胶消耗在交通运输方面占有相当大的比重，在工业部门、农林水利事业的发展、电气通信的设备、现代化建筑的施工等各个领域也都有所涉及，甚至我们的日常生活中都活跃着各种各样的橡胶制品的身影。

同时，橡胶还是重要的战略物资，在军事国防上应用十分广泛。比如，制造一辆坦克要用 800 多千克橡胶，制造一艘 3 万吨级的军舰要用 68 吨橡胶，军事装备、空军设施、国防工程大多都要用到橡胶。使用橡胶制作的船舶、帐篷、仓库、防护用具以及浴水服装等品种也很多。而国防尖端技术需要的耐高温、耐低温、耐油、耐高度真空等特殊性能的橡胶制品更是不可缺少。

橡胶战略地位的确立还要从新中国成立初期说起。新中国刚成立时，帝国主义对社会主义国家实行经济封锁，作为战略物资的橡胶遭到禁运不能进口。由于橡胶是典型热带作物，当时被认为只能在北纬17°以南，赤道南或北10°以内的热带地区生长，为了“打破帝国主义对我国的经济封锁和橡胶禁运”，中苏两国决定在中国海南建立橡胶生产基地，以保证战略物资的自给。1952年，国家确定了天然橡胶的战略性地位，并成立了华南垦殖局海南分局，专门致力于橡胶育种、栽培及初加工技术研究。1982年，中国热带农业科学院橡胶研究所打破了橡胶只能在北纬17°以南生长的认识，橡胶开始在我国北纬18°~24°地区大面积种植。

经过三代农垦人近60年的努力，我国最大的天然橡胶生产基地建成；2005年3月，海南天然橡胶产业集团股份有限公司成立；随后集团快速发展，形成了从天然橡胶种苗、种植、托管，到割胶、收购和加工等一整套成熟的技术体系；2011年1月，海南橡胶一经上市就一跃成为中国农业第一大股。但海南橡胶获得的荣誉并没有使它停下前进的脚步。未来如何发展？如何使集团在国际上取得话语权？如何平衡利益与企业使命？这一系列问题都将在探索之路中一步一步地得到解决。

二、海南橡胶的历史沿革

新中国成立之后，为满足国家建设对粮食的需求及维护边疆的稳定，国家陆续在偏远的落后地区建立起“农垦体系”，海南农垦就是在这样的条件下成立的。农垦建设最初的目的是屯垦戍边，但根据地理位置与发展状况的不同又扮演着各自独特的角色。海南省位于中国最南端，地处热带北缘，属热带季风气候，是橡胶生产地的不二之选。

海南农垦当时拥有92个团场，其中有87家做橡胶，5家谷物农场用来保障粮食供给，提供后勤资源。从过去发展到现在，海南农垦的规模继新疆和黑龙江之后，在全国排名第三，占据海南省面积的1/4。

2005年3月，为了橡胶产业的长足发展，进一步迈向现代化，海南农垦决定将其系统内的、与橡胶有关的资产和人员划分出来成立海南天然橡胶产业集团股份有限公司（以下简称海南橡胶）。最终，该公司得到海南农垦87家橡胶团场中的83家，注册资本人民币39.31亿元，胶园种植面积总计约353万亩，覆盖海南省17个市县。到目前为止，公司年自产干胶能力15万吨以上，年加工能力达到40万吨以上。橡胶面积和干胶产量均占全国的约1/3，是中国天然橡胶最大的资源拥有者和控制者，也是中国最大的天然橡胶加工企业。

海南橡胶旗下拥有13家子公司，另外在海南岛拥有25家橡胶基地分公司、13家橡胶加工分公司、1家种苗分公司，在云南控制6家橡胶加工厂，如图2-1所示。作为中国天然橡胶行业的开拓者和领军者，公司传承了海南农垦60多年来开创的核心产业，不论是企业规模、效益，还是产品竞争力和企业带动能力方面都有着不俗的表现，因此公司一经成立便被评为农业产业化国家重点龙头企业。2006年，海南橡胶启动人才发展战略，大规模引进一批高学历的管理型和技术型人才，为集团的发展注入了新的活力。同时启动集约化加工战略，大型现代化加工厂分批投产，达到了降低能耗、提高技术含量及产出效益的目的。

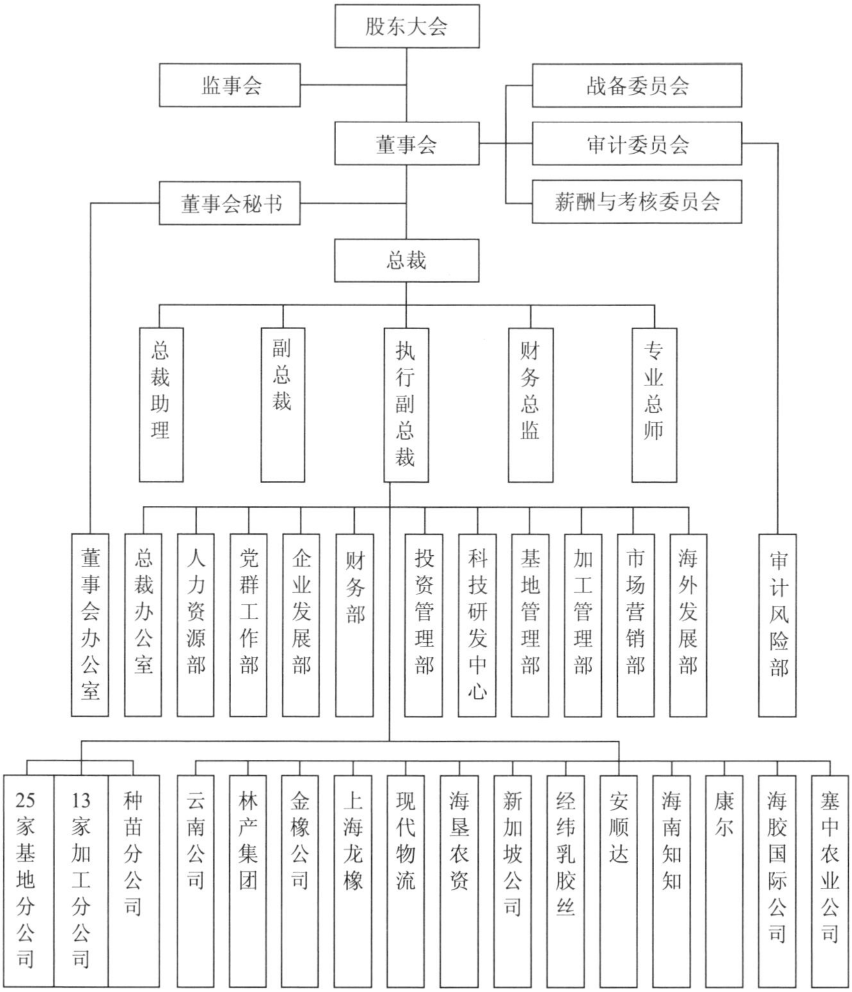

图 2-1 海南橡胶的组织结构图

资料来源：根据海南橡胶集团提供的资料整理。

经过多年的战略转型，以及数代海胶人的开拓进取，海南橡胶集团的橡胶业务在中国本土及全球市场已形成了一定的规模，并在 2012 年和 2013 年入选中国企业 500 强。2014 年，海南橡胶联手科研院校，建立空军航空橡胶科研生产中心和海南省先进天然橡胶符合材料工程研究中心。研究中心的建立，标志着海南橡胶的科研水平迈上了一个新台阶，有助于提高海南橡胶的核心竞争力。随着海南橡胶产业链的延伸与发展，集团已经形成了以橡胶种植和加工为基础，集收购、深加工、贸易、农资服务、橡胶木加工、物流仓储、科研开发等于一体的比较完整的产业链体系，如图 2-2 所示。

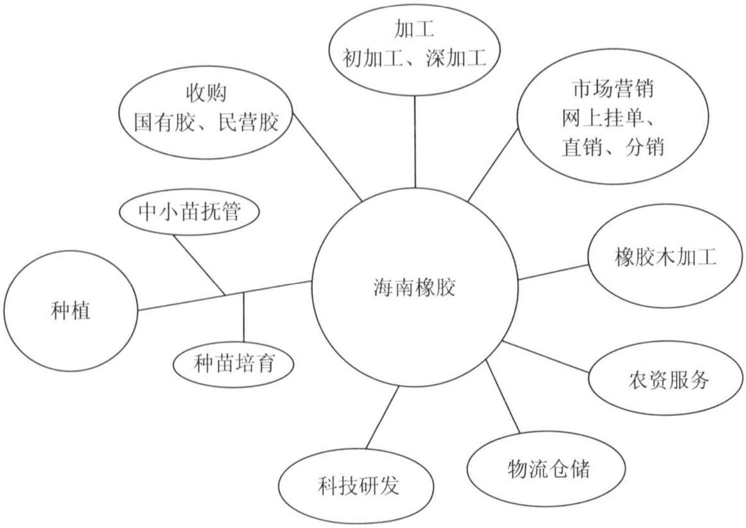

图 2-2　海南橡胶的产业链条

资料来源：笔者根据调研资料整理完成。

海胶的产品质量、科技含量及新产品开发能力在国内同行业中居领先水平，取得良好的经济效益和社会效益，为我国天然橡胶产业和国家经济发展进步做出了重大贡献。

三、体制改革，加速成长

海南橡胶承袭了海南农垦的优质资产，但同时也延续了海南农垦存在的诸多问题。关于农垦，有一个“四不像”的说法：是农民吧，要入工会；是企业吧，要办社会；是政府吧，要交税；是部队吧，没有军费。农垦企业承担的许多本应由政府承担的社会性、行政性职能，给企业造成了难以承受的“双重负担”，影响企业自我积累、自我发展能力，甚至使垦区长期面临亏损的局面。海南农垦管理体制的主体是中央，虽然地处海南，却不受海南省管辖。由于地理距离过于遥远，有关部门对当地情况了解不足，所以对海南农垦进行管理的过程中，中央相关举措的执行往往会出现各方面脱节的情况，严重制约海南垦区的快速发展，海南垦区发展的增速甚至低于同时期的其他乡镇地区。在这种情况下，海南农垦提出把“海南农垦的管理体制全面下放给海南省”，并于 2008 年 6 月 16 日决定，即日起开展推进海南橡胶上市工作。经过国务院调研之后，2008 年 6 月 18 日，时任国务院总理温家宝主持召开国务院常务会议，第二个议题即推进海南农垦管理体制的改革，把海南农垦全面由中央交给海南省地方政府管理，指导方针为“政企分开，社企分离，建立现代企业制度”。海南橡胶的上市行动与国务院的发文不谋而合，两者的大方向趋于一致，基于此，海南橡胶立即着手踏上了上市之路。

证监会对上市公司的标准都有十分明确且严格的要求，因此，海南橡胶的上市过程，同时也是海南农垦规范经营、改革发展的过程。海南橡胶以上市为抓手，推进并开展了一系列的改革。但改革的过程面临着重重阻碍，首当其冲的便是人事调整。海南橡胶承袭了整个海南农垦的主产业及人才等各项最优资产，83 家团场中，每个团场的场长均身兼两个职务，一为农场场长，二为橡胶集团分公司总经理，调整任何一个场长的职务都难上加难。而在改革进行之时，海南橡胶在最痛处下刀，顶住压力变动了一个地区场长的职务，在当时集团内部引起了很大的震动，也显示出了海南橡胶进行改革的决心，为今后的发展铺平了道路。

农垦地区遗留下的另一个主要问题是管理体制的严重落后。改革开放 30 多年来，旧的管理体制已远远落后于时代发展的步伐，当时的管理体制还采用相对较老的计划经济的形式，而实践的经验使海南橡胶认识到，如果不遵循经济发展的规律，灵活运用市场，集团是没有出路的。根据国务院“政企分开，社企分离，建立现代企业制度”的方针指导与政策支持，海南橡胶开始了一系列的体制改革。

其一，政企分开。海南农垦从 1952 年建立以来已有 60 多年的历史，有着完整的教育系统、优质的医疗系统与独立的公安局和 80 多个派出所，另外包括 40 多座管辖内水库与十几家气象站等所有基础设施，在改革过程中均由自己管理移交至地方管理。

其二，社企分离。社会保障制度是国家行为、国家意志，职工在退休之后，应由政府来实施社会保险计划完成再分配。而在改革之前，海南农垦有着自己独立于政府的社保体系，社保资金全部来源于自筹资金，在历经 60 多年之后已累积了大约三代退休职工，庞大的人口基数也给企业带来了沉重的负担。

在这次改革中，国务院拨款 40 亿元，一次性将社保移交到地方，解决了海南农垦的社保难题，不仅为职工今后的生活提供了保障，也为海南橡胶的上市奠定了坚实的基础。

为提高集团效率，建立新兴管理模式，海南橡胶在上市过程中进行了大规模的扁平化处理，将原有的约 80 家单位合并为 25 家生产基地公司，对应的存续农场也做了相应处理。海南橡胶的上市同时引起了海南省委的重视，对于公司的上市名称也经过了细致筛选。当时，天然橡胶、橡胶股份、中国橡胶与海南橡胶同在备选之列，最终基于海南省的战略考虑确定名称为海南橡胶。2011 年 1 月 7 日，海南橡胶正式登陆上海证券交易所 A 股主板市场。上市不足半年，同时入选上证 180、上证 50、沪深 300 和中证 100 四大指数，成为中国资本市场农业板块上市公司中市值最大的股票。

四、遭遇瓶颈

海南橡胶自上市之后一直稳扎稳打，政府对海南橡胶的发展也寄予厚望，在省政府的工作报告中明确发展方向，力求在三到五年中把海南橡胶打造成世界最大的天然橡胶生产企业，打造成亚洲最大的、拥有话语权的橡胶企业。根据相关文件的要求，海南橡胶相应提出了一个明确的发展目标，即稳步发展成为世界最大的天然橡胶生产企业，并围绕这个目标推进其战略规划。在实施战略规划之前，首先将“最大”具体分解为看得见、有说服力的四个方面：第一，橡胶种植面积最大；第二，橡胶加工能力（产能）最大；第三，市场占有率或营业收入最大；第四，软实力，即科研能力最强。接下来就要向“最大”的目标或方向前进，稳步推进海南橡胶的具体工作。

海南橡胶在公司上市之后，壮大了资本实力，开阔了运营视野。上市过程中对集团内部治理结构进行了规范，制度和人才方面得到梳理，在立足海南本岛基地建设的同时，“走出去”战略有了坚实的基础与强有力的保障。2011 年，海南橡胶云南公司成立，在不到 3 年的时间里，以自建及合作方式，控制了 6 家橡胶加工厂，占到云南市场的 1/4，加之原有的橡胶资产，在国内的加工能力达到 60 多万吨，最高可达 80 万吨。

目前全球天然橡胶的年产量在 1000 万吨左右，中国每年市场需求大约 356 万吨，80%依靠进口，自 2001 年起已经成为世界天然橡胶需求与进口第一的国家。对于天然橡胶这种产业关联度极大的重要战略物资而言，自给率低于 30%是十分危险的，将严重制约我国经济的平稳发展，急需从源头获取原料，打破国际大宗原料的价格垄断和封锁。再加上海南风害、寒害等自然灾害频繁发生，尽管海南农垦胶园管理水平处于世界先进水平，但单位面积产量偏低且提升空间有限。

此外，海南国际旅游岛战略的实施，也压缩了在海南本土扩大橡胶种植面积的空间。集团必须通过直接投资、参股收购等方式获得国外资源或企业来缓解国内原料紧张局面，开辟国内大宗原材料持续供应源头和渠道，为国内长期、稳定、经济合理地利用国外资源提供保障。同时，为顺应世界橡胶行业的发展，海南橡胶提出三个转变，即“传统生产型向现代经营型转变，资源拥有型向资源控制型转变，低端单一结构向高端差异化转变”。围绕这一思路，2009 年，海南橡胶在国内全面实施“以销售为龙头，以市场为导向”的“大营销”战略，大力发展直销、分销业务，实现与终端客户的对接，并取得了相当的成就。但国内市场毕竟是有限的，考虑到公司的发展目标，海南橡胶开始将视线向国外市场转移。

五、国际化之路

在走出国门之前，海南橡胶做了大量的前期准备工作。一方面，我国经过30多年改革开放的积累，经济高速增长、总量巨大，社会事业发展迅速，为企业的国际化发展积累了资金和国家信誉。为鼓励中国企业“走出去”，国家提供多项政策支持，国家开发银行和中国进出口银行给予专项贷款，国家有关部门也提供了投资咨询和法律等方面的支持。在实施国际化战略方面，公司内部的意见也高度一致，“四大”目标亟待完成，企业若想得到长远的发展，在未来很长一段时间内国际化都将是集团发展的战略方向。另外，公司根据行业的特定标准与自身的能力仔细筛选了“走出去”的国家和区域。海南橡胶经过在国内的发展已经成为数一数二的橡胶企业，有着雄厚的资金实力作为向国外延伸的坚实基础。对于国外市场，需要考虑政局的稳定性、适宜的气候条件、已有品牌的地位以及其高效的管理组织和成熟的管理体系，并期望能将其整合运用于自身的发展。经过前期缜密的分析，海南橡胶大步流星地跨上了全球化的列车。

（一）试水国际化

实际上，在海南橡胶成立之初就已经开始与国外公司进行经验交流与共享，经过不断地探索与合作，给出了国际化方面一份不错的成绩单。

2005年，海南农垦在河内与越南橡胶总公司达成合作备忘录，双方同意在越南设立海南农垦电子交易中心越南交易厅，把越南橡胶总公司的橡胶制品在电子交易平台上挂单销售。

2006 年 3 月，海南橡胶租用柬埔寨土地 62659 公顷（约 94 万亩），用以种植天然橡胶。此外，海南橡胶与柬方合作经营管理现有的橡胶种植园，成立橡胶制品加工厂，开展国际贸易。

2009 年 8 月，中国与东盟十国正式签订中国—东盟自由贸易区投资协议。该协议为我国企业赴东盟投资提供了更加便利的政策环境和更为有力的制度保障，为中国企业走向东南亚创造了条件。

2009 年，海南橡胶新加坡发展公司成立，成为一家专门的贸易公司。贸易是一项比较“轻资产”的投资，海南橡胶希望“贸易先行”，以一种比较简单的模式先把触角伸出去，以了解整个市场。该公司成立初期，贸易量只有几千吨，营业额也只有几千万美元。发展到 2014 年 10 月，贸易量达到了 20 多万吨，营业额达到几亿美元。进一步凸显了海南橡胶的市场力量，并为海南橡胶后续国际化提供了宝贵经验。

2011 年 5 月，海南橡胶参股泰国第三大橡胶生产商，拟受让泰国第三大天然橡胶生产商泰华树胶 25%的股权。2011 年初，国家发展改革委提出国内橡胶生产企业要“加快走出去步伐，到东南亚开展天然橡胶种植，提高国内保障能力”。进军天然橡胶垄断“阵地”——东南亚市场，成为海南橡胶布局的重要策略之一。进军泰国有利于进一步拓展在亚洲地区的市场，从而进一步垄断全球橡胶资源。

尽管海南橡胶开拓了一条前景光明的国际化之路，但目前的成果还远远不能满足其发展目标，海南橡胶期待着在“走出去”方面有更大的机遇。

（二）收购 R1

自 2009 年海南橡胶在新加坡成立贸易公司之后，集团对新加坡的探索并未止步于此，新加坡 R1 公司成为集团的重点关注对象。R1 公司成立于 2001 年，公司总部位于新加坡。2001—2012 年，R1 的营业额从 2500 万美元迅速增长至约 35 亿美元，天然橡胶成交量从 20 万吨增加至 90 万吨左右。在目前橡胶市场价格低迷的条件下，很多贸易商都面临很大危机，而 R1 仍然保持盈利。其优势基本可以归结为以下两点：

首先，橡胶树喜高温、高湿、静风和肥沃土壤，而新加坡地处热带，常年气温变化不大，雨量充足，空气湿度高，气候温暖而潮湿，年平均温度在 23℃～31℃，温差很小，十分适宜橡胶成长。鉴于海南橡胶“四大”发展目标，如果能入主新加坡 R1 公司，可以在一定程度上掌控橡胶的国际资源，保障供给。

其次，R1 在全球分布有成熟的销售网络，新加坡、马来西亚、印度、中国、越南、日本、欧洲等 8 个国家和地区均有其业务公司和办事机构，营销渠道和团队以及掌握商机的能力都是其核心资产，拥有成熟的国际化管理体系与综合性人才，熟悉国际环境，拥有国际运作经验。基于此，对 R1 的收购工作开始紧锣密鼓地进行。

海南橡胶自启动对 R1 的收购程序并与相关负责人进行谈判之后，于 2012 年初完成整个并购程序。对 R1 的并购采取股权并购的方式，不改变其现有的人事结构，只是董事会的重要职位易主。这么做是为了充分尊重 R1 的经营方式，减少并购过程中可能产生的阻力。然而即使如此，进入新加坡这个最大的贸易公司仍然不是一帆风顺的，海南橡胶面临着许多竞争对手，其中甚至包括 R1 自己。集团的任何动作都会引起东南亚企业的关注，可能对谈判的形势产生不利影响。一旦掌控不好局面而出现一些微妙的变化，甚至一瞬间内就会出现翻盘，所有努力将全部付之东流。而且经过调查后发现，一旦海南橡胶继续通过完全控股并购 R1，会触动上市公司相关的法律界限，即重大重组，那么就需要进入由证监会具体执行的获得中国政府审批的程序。而经过评估，走完审批流程最少要一年半左右。商场风云变幻，而一年半时间会发生什么，海南橡胶不得而知，R1 很有可能会被其他竞争者竞价买走，得不偿失。为了避免这种被动的局面，海南橡胶紧急改变了谈判方法，由海南橡胶的控股方农垦集团出手来收购 R1。由于农垦集团不是上市公司，只需决策机构决策、审批通过即可完成收购。经过一系列努力之后，R1 终于被收入囊中，目前由农垦集团控股 60%，海南橡胶控股 15%。通过对 R1 的并购，海南农垦由此成为拥有世界最大市场占有率的贸易商。

"收购 R1 公司后，农垦集团大大延伸了天然橡胶产业的广度和深度，朝国际化的战略目标成功迈出了重要的一步。"海南农垦集团董事长、总经理林进挺如是说。

入主 R1 公司，海南农垦由此获得强大的天然橡胶贸易网络和渠道，成为跻身全球天然橡胶生产贸易领军者行列的关键落子。通过收购 R1，海南橡胶可以掌控全球橡胶贸易资源，打通种植、加工、贸易全产业链条，在全球范围内调配天然橡胶资源，保障我国战略物资的供应安全。重组后，海南橡胶可以利用 R1 已有的渠道和管理人才，推动 R1 在新加坡上市，运用国际资本市场融资为企业的进一步国际化扩展集聚资本。

收购后的 R1 迅速把眼光放到了由美国、加拿大、墨西哥共同组成的北美自由贸易区。据统计，北美自由贸易区橡胶需求量平均每年120万吨，占世界天然橡胶总消费的11.4%。然而，美国经销商的生产能力仅有20万吨，其余橡胶则来自新加坡以及其他地区的主要采购商。2012年10月1日，R1在美国特拉华州成立了美国分公司，正式进军美国业务区。此举不仅覆盖了R1目前剩余的销售“缺口”，还为R1提供了更直接的美洲市场信息，逐步建立起其他天然橡胶的相关业务。

林进挺说，今后海南农垦将进一步对接海南橡胶集团和R1公司的业务，积极整合两者的资源，搭建统一的采购平台、研发中心、营销网络，发挥橡胶产业完整产业链的协同效应。

继集团并购R1公司后，海南农垦成为世界上市场占有率最大的橡胶贸易商，加上未来拟并购的中国化工集团橡胶业务，大大延伸了天然橡胶产业的广度和深度，至此，海南橡胶“四大”的目标已经实现了一半。为了实现其他目标，海南橡胶又马不停蹄地开始了新一轮的搜寻。

（三）挺进“非洲—塞拉利昂”项目

塞拉利昂地处非洲西部，濒临大西洋，地处北纬6°~10°，国土总面积72326平方公里，大部分区域属热带雨林气候，光照充足，雨量充沛，土壤肥沃，土地资源丰富，光、热、水、土壤等自然条件优越。我国于1971年与塞拉利昂建交，建交以来，双边关系发展顺利，经贸合作历史悠久。另外两大因素也为海南橡胶在该地开展项目合作奠定了基础：一是塞拉利昂目前政局稳定，虽然经济较为落后，但土地面积约是海南的2倍，全国600多万人口中，可提供大约200万的年轻劳动力；二是合作方江苏省建筑工程集团有限公司、海南中海国际经济合作有限公司在塞拉利昂乃至非洲长期从事援建工作，与塞拉利昂关系良好，积累了丰富外事经验。

2011 年，海南橡胶开始与塞拉利昂方面接触，并多次派团队到塞拉利昂考察调研。近两年的时间里，海南省领导以及省农垦总局、省农垦集团、海南橡胶集团有关领导同塞拉利昂农林及食品安全部等部门负责人，就该项目进行了多次深入交流与洽谈。为做好项目的前期考察，海南橡胶成立了非洲项目组，多次组织领导、专家赴塞实地考察，对项目先期启动的 3.5 万公顷土地进行了勘察规划，对其中 1 万公顷土地进行了详查，对土壤进行了分析测验。同时，委托资深权威中介对项目进行深入的论证、分析，并根据中外各方意见，对可行性研究报告进行修订，启动项目用地前期勘察、设计、引种工作，起草了运营计划。

2011 年 5 月，为进一步验证项目的可行性、加强对外投资风险管理、维护我境外企业人员和资产安全，海南省政府还专门组成考察团赴塞拉利昂考察该项目，并受到科罗马总统接见。塞拉利昂政府渴望经济发展和社会进步，合作态度积极主动，对该项目高度重视，本次通过与塞拉利昂政府签订合资协议，使得双方共同合作的愿望进入实施阶段。

2013 年 6 月 29 日下午，海南橡胶集团与塞拉利昂共和国政府签订橡胶和水稻种植加工项目合资协议，将成立合资公司，计划共同发展天然橡胶和水稻种植加工项目，这也是海南农垦集团迈向千亿元级企业集团“走出去”发展的重要一步，标志着海南农垦天然橡胶产业正式“走进非洲”。

签订协议后，海南橡胶将与江苏省建筑工程集团有限公司、海南中海国际经济合作有限公司以及塞拉利昂共和国政府共同出资设立境外合资公司。合资公司拟在塞拉利昂建设、运营和维护天然橡胶园、橡胶加工厂，以及进行水稻种植、水稻加工、贸易等。合资公司注册资本5000万美元，其中，海南橡胶以货币出资3000万美元占60%股权，江苏省建筑工程集团有限公司和海南中海国际经济合作有限公司分别出资1000万美元和500万美元，占20%和10%的股权，塞拉利昂政府则以13.5万公顷土地50年的使用权作为出资，占10%股权。项目计划分期建设实施。项目计划的13.5万公顷土地中将有10万公顷种植天然橡胶，3.5万公顷种植水稻。

橡胶种植项目运作模式分两种：一种为核心种植区，由合资公司进行投资种植、抚管、加工销售；另一种为示范种植区，由合资公司免费提供种苗、技术，当地农民负责自费种植、抚管、割胶，产品由合资公司负责按照当地市价进行收购、加工和销售。水稻种植模式为：在完成基础设施建设后，采取定额上交的方式将稻田承包给水稻种植公司或大户经营。

除合作方共同投入有限的资本金外，项目建设投资资金将主要由塞拉利昂政府以主权信用担保向中国进出口银行申请长期低息优惠贷款，然后以同等利率转贷给项目公司。经过调研，国家商务部、中国进出口银行对海南农垦到非洲发展表示全力支持。中国进出口银行确定海南橡胶塞拉利昂项目为重点支持项目，这就意味着项目建设资金将得到有效保障。另外，橡胶种植周期长，从胶苗到可以割胶需要5~7年，这意味着纯投资就要7年，而橡胶树龄是30年，橡胶的高产期在第12~25年，海南橡胶去塞拉利昂投资意味着扎根塞拉利昂，与其荣辱与共，风雨共担。塞拉利昂项目分三期实施，第一期3万公顷，在初见成效之后滚动投资，资金将使用优惠贷款，这样风险就可以大大降低。

六、担当与发展，任重道远

在推动塞拉利昂项目不断向前发展的同时，海南橡胶于 2014 年 11 月 24 日参与了泰国橡胶组织（REO）20.8 万吨天然橡胶采购项目，并以此为契机，与泰国橡胶组织（REO）建立长期战略合作关系。以当时天然橡胶的市场价格测算，该项贸易合同涉及金额至少达 20 亿元。泰国橡胶组织（REO）是泰国政府农业部下属的经营机构，旗下有数百家天然橡胶合作社，可直接对接广大胶农基层经营单位，这一贸易的达成说明海南橡胶已完全打入泰国市场。

据已有资料（见表 2-1）显示，海南橡胶集团 2013 年收入已超过 116 亿元，橡胶产品销售总量近 54 万吨，创历史新高。目前，海南橡胶集团还储备了多个橡胶项目，待条件成熟后启动实施，进行“走出去”战略的延续和深化。海南橡胶将以资本为纽带，抓紧在国内和境外橡胶主产区、贸易区寻找新的并购重组机会和目标，以进一步掌控更多的天然橡胶资源，提升我国企业对天然橡胶的国际定价话语权。

如果海南橡胶仅仅以盈利为目的，相信它不会有现在的成就。在企业发展的过程中，海南橡胶不忘履行社会责任。2008 年金融危机时，橡胶价格跌到每吨 8000 元，集团以每吨 1.2 万元的保底价收购，保护了胶工利益。2013 年，在橡胶收购价最低跌至每吨 1.4 万多元、业内经营最困难的时候，民营胶厂纷纷亏损关门，海南橡胶照样敞开大门收购，并拿出销售和经营渠道赚来的钱补贴胶工，同时取消了胶工应负担的林木资产折旧的 50%。仅此两项，海南橡胶就支出 6000 多万元。虽然最低的时候收购价跌破了公司的成本价，

表 2-1 海南橡胶主要财务指标数据一览

单位：万元

年份		2014	2013	2012	2011	2010	2009	2008	2007	2006
资产负债表摘要	总资产	1226776.31	1201744.11	1112351.58	1113265.28	1253197.50	651280.28	694779.49	652686.83	672585.68
	流动资产	518045.74	548154.89	513033.47	551615.67	741332.09	167342.97	232727.56	188533.52	205628.60
	固定资产	156751.22	149623.31	112896.14	107083.46	74347.65	68617.55	58043.33	58294.96	58049.83
	在建工程	14444.41	13073.49	14100.74	9262.48	21158.90	6531.51	5735.44	1115.02	815.22
	负债总额	316599.09	280861.84	192933.93	192988.63	421416.07	294433.13	295626.42	289150.30	331207.63
	股东权益	910177.22	920882.27	919417.65	920276.65	831781.46	356847.14	399153.07	363536.54	341378.05
利润表摘要	营业收入	1119867.17	1169473.29	1167413.48	1052827.85	632554.82	374267.70	363715.96	376339.56	328979.23
	营业成本	1057907.05	1114585.29	1074411.18	895830.25	505392.11	299019.95	270620.16	275458.03	226651.72
	营业利润	-9509.27	8735.56	20910.37	72489.44	53177.09	24741.67	31234.33	50697.40	37717.55
	利润总额	4956.63	20325.50	31487.92	76902.79	59883.50	28139.33	34135.11	58526.97	38998.98
	净利润	2238.10	15615.93	29675.38	76103.20	57284.14	28574.52	33727.55	58426.05	38954.00
	投资收益	32843.43	36608.31	-2900.12	-17591.92	-6954.28	-1051.45	1573.58	-150.64	140.89
	所得税	2076.27	4140.73	983.04	553.33	2198.57	-139.64	337.68	144.27	54.52
现金流量表摘要	经营活动现金流入	1191215.36	1364350.19	1208216.19	1287127.02	682890.49	405689.71	409348.54	414923.75	368220.17
	经营活动现金流出	1192919.91	1329340.96	1254538.26	1198901.77	698027.42	364270.84	364217.77	304873.39	328977.57
	经营活动产生的现金流量净额	-1704.54	35009.22	-46322.07	88225.26	-15136.93	41418.87	45130.77	110050.36	39242.61
	投资活动产生的现金流量净额	-40953.22	-40127.50	-58473.47	-85091.02	-90459.38	-48539.17	-21034.24	-33493.25	-28164.94
	筹资活动产生的现金流量净额	1506.83	47395.02	-46779.91	-205060.42	571854.44	-23350.01	-21653.69	-98165.33	2641.12

生产环节出现了亏损，但公司仍能拿出钱来补贴胶工，而且当年的年报中，公司仍然实现了盈利，取得这样的成果与海南橡胶努力实现三个转变是分不开的，销售和多元化经营带来的福利使胶工和投资者都感到满意。作为一个有着长远战略眼光的企业，海南橡胶在走国际化之路的过程中同样跳出了跨国公司唯利是图的怪圈。例如，在与塞拉利昂签订的协议中，海南橡胶项目计划用 3.5 万公顷土地来种植水稻，占项目总公顷数的 1/4 还多。而这 3.5 万公顷的水稻正是为了解决该国的粮食问题，海南橡胶的综合考虑为塞拉利昂的人民创造了实实在在的福利，成为二者合作的清障车，顺利推进企业发展目标的实现。

海南橡胶出生于农垦，不忘回馈农垦。据统计，仅从 2008 年至 2012 年，省农垦集团就从海南橡胶获得分红 13.12 亿元。特别需要说明的是，当初海南橡胶组建时，承担和还清了原各农场及部分农垦老工商企业划转过来的各种历史债务 18.9 亿元。这笔为数不小的债务的消除，为各农场和工商企业轻装上阵、发展经济和二次创业创造了良好条件。另外，海南橡胶每年还以土地租金和综合服务费的方式，通过省农垦集团向农场支付近 2 亿元的资金。这两部分的资金，在海南橡胶组建和运作上市以前是没有的。从 2008 年至 2014 年 10 月，这两项款项共付出近 10 亿元。这些资金从根本上保证了这些农场有固定的经济来源，为促进农场生产发展、职工队伍稳定起到了积极作用。

企业的研发能力是衡量其综合科技实力和组织社会资源能力的一个重要标志，海南橡胶为实现产品由单一低端化向高端差异化的转变，提高软实力，积极与清华大学合作推动“特种橡胶产业联盟”的建立，对摆脱当前天然橡胶产业和国防应用中的困境、搭建起国防天然橡胶等高端天然橡胶及相关复合材料的研发与创新平台、推进我国国防天然橡胶国产化进程、辅助我国先进橡胶产业的兴起和可持续发展有着重要意义。2015 年 3 月 26 日，中国先进橡胶产业联盟第一届会员代表大会暨国防橡胶论坛在清华大学举行，探讨我国军用天然橡胶国产化发展道路，并表示未来联盟将秉承“合作、共赢、报国、超越”的理念，坚持以产学研相结合为抓手，主攻特种、特供军工军品和航天航空、高端民用橡胶材料的研发与创新，提升我国特种、特供橡胶制品的品质，确保我国天然橡胶这一战略物资能够自主供给、安全可靠，努力为推进我国橡胶事业发展，为我国国防建设做出新的贡献，为企业、橡胶产业乃至国家的发展奠定坚实的基础。“打铁还需自身硬”，只有我国橡胶产业得到真正的发展，才有可能继续在国际舞台上一展身手。

案例结语

海南橡胶集团是中国橡胶领域的主力军和领头羊。鉴于橡胶产品对于中国这样一个大国具有重要战略作用，以及面对全国不断扩张的橡胶产品需求，保障橡胶产品有效供给的唯一出路就是“走出去”，在世界范围内掌控橡胶上游原料资源。

从某种意义上说，保障国家战略资源安全是中国所有国有企业的天然使命，更是作为橡胶行业领军企业的海胶集团的社会责任。因此，无论面对什么样的阻力，海胶集团始终坚守国家安全和民族责任所赋予的企业使命。从海南省到全世界，虽然困难重重，前程艰险，但是海胶集团的国际化步伐却一直都很坚定。

根植黎苗文化的甘什岭槟榔谷景区运营模式

采编/撰写：李世杰　戴晨光

案例摘要：本案例描述了海南槟榔谷黎苗文化旅游区从保护到开发，再到收益，然后回到保护的良性循环的新型旅游区开发模式，并探寻槟榔谷如何通过将竞争转化为合作互赢关系，打造自身价值网络，形成独有的商业运营模式，最终调和了企业对利润最大化的追求与对社会责任的承担之间的矛盾。槟榔谷积极摸索自己特色发展之路的历程也值得国内其他旅游开发区参考和借鉴。

案例关键词：黎苗文化；景区开发；文化资源；产业化

一、走进槟榔谷

海南槟榔谷黎苗文化旅游区（以下简称槟榔谷）始建于1998年1月，仅用十多年的时间，槟榔谷就由原先一个占地面积仅仅几十亩的名不见经传的普通黎族村寨发展成如今硬软件设施齐全、景色秀丽多姿、民族味道醇正、服务质量上乘、年总客流量超过120万人次的国家5A级旅游景区、国务院第六次全国民族团结进步模范集体、国家级非物质文化遗产生产性保护示范基地、全国休闲农业与乡村旅游示范点、全国休闲农业与乡村旅游五星级园区、全国十佳休闲农庄以及国家文化出口重点项目企业。

槟榔谷始终坚持“回报社会、造福一方”的理念，在抓好旅游区新项目开发和日常经营管理的同时，非常注重与周边地区群众的和睦相处，始终坚持让利于民、改善民生、扶持就业、惠及“三农”的原则，在帮助村民致富的同时，也成就了企业自己，达到了农民、企业、旅游区旅游业态共同发展、共同成长的目的。

因地处甘什岭自然保护区，槟榔谷景色优美，植被茂盛，绿化覆盖率达90%，负氧离子丰富，被誉为“绿色景区”。在建设上充分考虑景观景点与绿化环境的合理规划，区内建筑与景观相互协调，建筑物周边以园林、绿化隔离带形成相应的缓冲区，功能性建筑选址隐蔽，外观优美，采用树木和园林绿化进行遮蔽。在开发建设过程中注重原住民文化的保护，对即将消失的文化遗产如龙被、船型屋、百年谷仓群及黎族文身文化建立专项保护制度，对区内各种名树名木、重要珍稀药用植物开展有效合理的保护举措，保持景观质量的真实性和完整性，确保了旅游经济的可持续发展。

二、槟榔谷的创业历程

提到槟榔谷，就不得不说说程天富。程天富于1965年出生在海南岛南茂农场一个普通干部家庭，他在那里度过了他贫苦的童年和少年时代。中学毕业后，他成了海南省粮食局的一名正式职工，有了当年令许多人羡慕不已的“铁饭碗”。后来，改革开放的浪潮席卷中国大地，掀开了中国历史上市场经济的崭新一页，没过几年，他从省粮食局这个吃皇粮的省级单位下岗了，忽然没有了固定收入，连基本的生活都成了问题。面对突如其来的磨难，他毅然决然选择了下海经商，带领一帮下岗职工踏上了艰难的创业之路。也正是因为这样，才有了程天富的精彩人生故事，以及一直被大家所称颂的先进事迹，即所谓“艰难困苦，玉汝于成”。

海南岛黎族是海南原住居民，是中国民族大家庭中的一员，有将近4000年的历史。无论是较古老的文身、陶器、葫芦舟、船型屋，还是较为进步的骨雕、皮画、黎锦、龙被等，都是独一无二的文化遗产，程天富深深地喜欢上了黎苗文化。程天富是一个十分有思想的人，他常常会想一个问题，黎族同胞们只有语言，没有文字，却能生活到今天，能够把文化传承到今天，这是一个多么了不起的民族。他对海南黎苗文化充满了好奇，也暗自下决心，一定要把海南黎苗文化保护好、传承好。于是，在1998年，他带领几十个人，在海南保亭甘什岭创办了以海南黎苗文化作为景区核心资源的南国槟榔园。他把挖掘、保护、传承、弘扬海南黎苗文化，使其生生不息作为企业的使命，也作为他个人的人生追求。为了深度挖掘海南黎苗文化内涵，他成立了非物质文化遗产调查研究小组，安排小组成员到岛内的各个地方走村串户探寻黎族苗族祖辈们留下的印迹，从民间收集到许多有价值的黎族苗族祖先的文化遗产，并创建了黎族文化博物馆，珍藏了海南岛最完整的黎族人民的先辈们留下的许多物件，这些都是伟大的黎族人民发展的历史见证。尤其是黎族文身，它被誉为是海南岛黎族的人体“敦煌壁画”，程天富把海南的黎族文身阿婆们一个个请到景区，让中外游客在真实的生活场景中了解黎族人民这一奇特的文化现象。他不辞辛劳，耗费大量的人力、物力、财力做了非常细致的调查研究工作，弄懂了黎族文身习俗的文化内涵，编写了《黎族文身新探》一书。这本书有很高的理论水平和学术价值，受到了同行专家的好评，是研究黎族文身的重要书籍。

民族的就是世界的。海南有了槟榔谷，也就有了一幅述说海南4000年历史的画卷，一首颂赞海南黎苗文化的美丽诗篇，海南岛深厚的民族文化底蕴在海南槟榔谷黎苗文化旅游区得以真实的再现。取得这些成就，程天富同志可谓劳苦功高。十多年来，他坚持不懈，呕心沥血，实现了挖掘、保护、传承和弘扬海南黎苗文化的崇高理想，是一名保护海南黎苗文化的忠诚战士。

三、槟榔谷景区开发模式

槟榔谷的成功离不开具有开拓精神的程天富以及他的创业团队，他们对黎苗文化风景区的开发模式受到业内的一致称赞，在他们独特的开发模式下，不仅完美地保护和传承了当地黎苗文化，更是带动周围居民参与景区的建设和运营，使大家一起走上了共同富裕的道路。

在国内，民俗文化风景区较为常见的开发方式为征地、迁移当地居民和发展商业文化，较为知名的有丽江古城、凤凰文化古城等。但是这样的做法会带来以下两方面的问题：第一，人口置换问题。人口置换势必会带来文化迁移的现象，这不利于对传统文化的保护。大量当地居民被迁移出文化景区，不仅扰乱了他们原有的安宁生活，也会使景区逐渐失去历史和文化底蕴，从而导致核心竞争力的丧失。当游客们再也无法在景区中看到他们期望中的质朴自然，那么景区也会渐渐失去对游客的吸引力。第二，过度商业化。当景区的开发只以商业目的为中心时，所有的景区活动都会指向一个目的，即赚取利润，进而导致过度商业化的现象。一旦这种情况被游客所感知，那么所带来的负面影响会很快使景区走向下坡路。

区别于国内传统的景区开发模式，槟榔谷选择了一个从保护到开发，再到收益，然后回到保护的良性循环的开发模式，如图 3-1 所示。

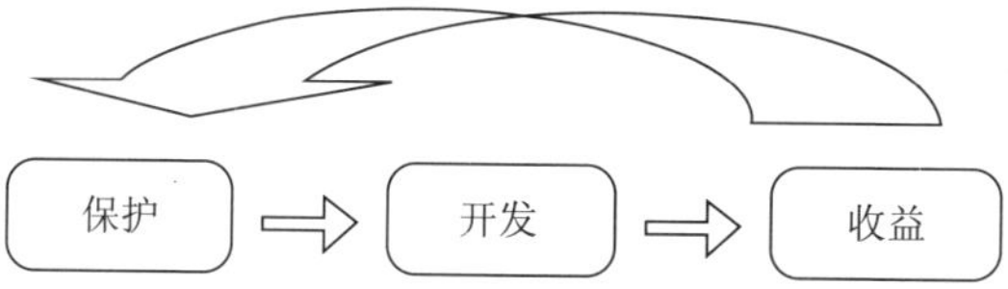

图 3-1　槟榔谷“三位一体”开发模式

资料来源：根据调研资料整理完成。

对于如何利用黎苗文化为景区做贡献，他们第一个想到的不是开发，而是保护。其实在槟榔谷景区建立之前，早在20世纪90年代海南就已经开发了一些民俗文化村寨，但环境普通，生活设施粗放，歌舞单一。这些民俗文化村寨的开发，只是民间行为，缺少规划，缺少投资，是典型的“刀耕火种”的文化版本。民俗村寨的建设大兴模仿风，甚至根本就不懂得真正的黎族苗族文化，简简单单搭几间茅草屋充当黎苗风情村。打着民俗的幌子，高价贩卖旅游纪念品以牟取暴利。这种民俗文化村寨长久发展下去，对海南的文化旅游业将产生毁灭性后果。当时的商业生态系统可谓相当脆弱。但是槟榔谷此时却反其道而行之，大力弘扬保护传统文化，将“保护为主，开发为辅”作为槟榔谷景区的重点方针政策，积极摸索拥有自己专属特色的发展之路。他们这种对原住民传统文化的深入挖掘、全力保护以及大力弘扬的行为，得到了省政府、省旅游局、省民宗厅等有关部门的大力支持。

在确保了黎苗文化不受损害之后，景区的开发和收益同样并没有脱离当地群众，处处都体现着企业和当地居民的融洽合作关系。槟榔谷景区与周边村民在合作过程中，探索磨合形成了一套“互惠互利、和谐共赢、包容大度”的合作模式，即“景区+农户”“务工+务农”“村民+员工+店主”的合作管理模式，如图3-2所示。在这种模式下，当地的农民既保有了原有的身份，又成为了景区的一分子。在不耽误务农的情况下，当地村民在景区做各种服务工作，如景区内部导游、歌舞表演人员、工艺品的制造等，实实在在的让自己吃上了家门口的“旅游饭”。不仅如此，景区还无偿提供给周边村民76间商铺，建设惠农一条街，供村民卖热带特色水果、农副产品及黎家特色小吃，在惠农一条街直接就业的村民就达到100多人。槟榔谷在利益取舍的方案设计方面始终坚持"让利于民、民生为重、村民就业，惠及三农"的原则，景区总经理陈焕清解释道："农村与企业、村民与员工融为一体，村民租土地给景区换取铺面，如果村民不愿意经营，景区每月1000元返租。"由此，村民可以从景区得到如下收入：合作土地的股红与租金收入；在景区上班的工资收入；铺面经营的营业收入；在景区内采摘已经成熟的果实售卖收入；村民种植苗木花卉卖给景区的收入；村民在景区开农家乐及茶吧的营业收入。至此，甘什上村、甘什下村的共400余村民的年人均收入由1998年的不足2000元增长到2013年的11060元。再加上景区扩建土地合作的分红等收入，村民2013年人均收入达到了36000元以上。十几年来，由于景区与周边黎族村民和睦相处，在帮助农业发展、农村致富和农民增收的同时，也成就了企业自身的迅速发展壮大，达到了农村和景区共同发展、共同成长、合作共赢的目的。

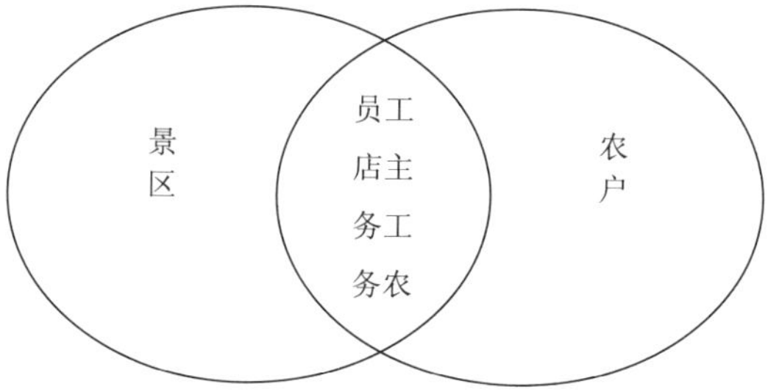

图3-2 槟榔谷和村民合作关系

资料来源：根据调研资料整理完成。

槟榔谷的开发模式并没有在获得巨大收益后就终止，反而是以一种反哺的方式，继续为保护黎苗文化做贡献。继原有文化保护的投入之后，景区后续又在原有基础之上投入6000多万元，挖掘开发了保亭黎族苗族自治县非物质文化遗产陈列馆、展览馆、黎族文身馆、制陶馆、蜘蛛文化馆、原生态大舞台等新内容，其中海南省国家级非物质文化遗产保护的21个项目中，槟榔谷就展示了10多个。谷内的黎族传统文化博物馆里，珍藏着整个海南岛最珍贵的黎族各种民间文物以及见证黎族发展历程的种种器皿和图片，是一部生动恢宏的“黎族人历史教科书”。一些濒临失传的黎族传统技艺和正在消失的文化现象如纺染织绣、竹木乐器演奏、黎族妇女的文身绣面等也都在槟榔谷中被珍藏着、保护着。这些本该由政府来主持完成的工作，却被槟榔谷以商业化的形式一步一步地进行着，不仅节省了财政支出，还创造了可观的商业价值，景区的发展也因此得到政府的大力支持。自2012年以来，槟榔谷获得专项发展基金若干，如2012年获省工信厅、省旅游产业发展专项资金支持，2013年获省文化办支持，2014年获省文化办、国家财政部、国家旅游专项基金支持，2015年获省民宗委支持，等等。在与政府和当地居民的通力合作之下，槟榔谷正以稳健的步伐蓬勃发展。

四、槟榔谷的核心文化资源

槟榔谷因其两边森林层峦叠嶂，中间是一条延绵数公里的槟榔谷地而得名。整个景区依山而建，其内大部分地区用来供游客观光旅游，而其余的地方则是居民聚居地。景区风光秀丽，民风质朴。尽管有着得天独厚的自然资源，但是槟榔谷主要还是以民俗文化作为核心产品。在对黎苗传统文化进行充分保护的前提下，利用这些文化资源为企业、为黎苗人创收。槟榔谷的核心文化资源可以用“一台、二族、四宝、五项、七区、九馆、十绝”来概括。

“一台”指的是大型原生态黎苗文化实景演出《槟榔·古韵》；“二族”指的是景区内的黎族和苗族；“四宝”为黎族传统手工艺品——龙背、树皮布，传统乐器——鼻箫，以及即将消失的黎族文化——绣面文身；“五项”为五个供游客共同参与的体验活动，即高空滑索、打柴舞、拉乌龟、攀藤摘花、牛拉木轮车；“七区”指的是景区内划分出来的七大文化体验区，分别为非遗村、甘什黎村、谷银苗家、田野黎家、《槟榔·古韵》大型实景演出、兰花小木屋、黎苗风味美食街；“九馆”则是向游客展示黎苗文化的展览馆，由文身馆、黎族民俗馆、陶艺馆、图腾艺术馆、无纺馆、麻纺馆、棉纺馆、龙被馆、蜘蛛文化馆构成；“十绝”则是海南十项国家级非物质文化遗产项目，包括黎族打柴舞、黎族原始制陶技艺、黎族纺染织绣技艺、黎族树皮布制作技艺、黎族钻木取火技艺、黎族“三月三”节、黎族竹木器乐、黎族船形屋营造技艺、黎族服饰、海南八音乐。这些丰富多彩的文化资源构成了槟榔谷的灵魂，通过对这些文化的展示，槟榔谷将神秘的黎苗文化的面纱，在游客们面前缓缓揭开。

在文化表现形式上，槟榔谷采取动静结合的方式。动的方面主要由大型原生态黎族文化表演《槟榔·古韵》来承担。这是一台对黎族音乐舞蹈类非物质文化遗产以及传统习俗艺术化的展演，它将原始黎苗土著居民的日常生活以歌舞等艺术形式表现出来。整场演出由《钻木取火》《叩拜帕曼情歌对唱》《捏》《舂米舞》《黎族传统服饰绣》和《打柴舞》六个节目组成。当地黎苗族百姓是黎苗文化的传承者，同时也是景区发展的受益者，在《槟榔·古韵》这档节目中，80%的演员均来自于当地黎族百姓，约有 120 余名。他们中几乎没人受过正规的歌舞训练，而正是凭借着对本民族文化的喜爱，这群年轻人仅用一个多月的时间，就将一台 35 分钟的大型原生态实景演出古朴呈现。该节目还荣获了“2012年国家文化出口重点企业和重点项目”的荣誉称号，并曾在国外多地进行汇报演出，受到一致好评。舞台剧的引入不仅让文化的宣传变得更加形象生动，同时也丰富了游客参观的内容，使槟榔谷在旅游市场上的竞争力得到进一步的增强。

除了真实体现黎苗人劳作、生活的《槟榔·古韵》，另外一个重大活动“三月三”则是让游客亲身参与到了黎苗人民节日的欢庆之中。“三月三”是海南省黎族人民最盛大的民间传统节日，也是黎族青年最喜爱的日子，又称爱情节、谈爱日，黎语称“孚念孚”，每年农历三月初三举行，是海南黎族人民悼念勤劳勇敢的祖先、表达对爱情幸福向往之情的传统节日。在槟榔谷景区的正门口有一个广场，被命名为“三月三广场”，每当“三月三”到来的时候，周围的黎族人欢聚在这里载歌载舞，开怀畅饮，庆祝他们自己的节日，热情好客的他们会邀请在这一天到来的游客一起分享他们的喜悦，为游客挂上象征爱情和幸福的槟榔果。经历过的游客无不对此交口称赞，觉得在这里是真真切切地体验到了所期待的少数民族文化风俗。

动静结合，方显张弛有度。槟榔谷不仅有动的方面，同样有静的方面，其主要承担载体则是各个非物质文化遗产陈列馆。在这里，游客们将通过图片、文字和文物等静态的展览方式来了解黎苗悠久的历史文化传统。在各个展览馆中所展出的内容几乎涵盖了传统黎苗人民劳作、生活的方方面面，让游客充分了解和体验到黎苗历史原貌带来的强烈冲击感。其中让人印象最为深刻的是龙背馆。黎族龙背因生产在古崖州地区，也被称为崖州背，素有“广福布”之称，是黎锦的一种，是黎族在纺、织、染、绣四大工艺过程中生产出的难度最大、文化品位最高、技术最高超的工艺美术品，是黎族进贡历代封建王朝的珍品之一。目前该项技艺已经失传，在馆中展出的基本都是古代流传下来的文物，具有极高的艺术和历史价值。每当游客们惊叹于黎族人民心灵手巧的同时，也不禁惋惜，世间再也没有人能制作出这样精美的艺术品。

虽然龙背的制作工艺失传了，但是一般黎锦制作的方法还是流传了下来，在槟榔谷传统住宅“船型屋”的门口，往往可以看到正在织黎锦的阿婆。其实织黎锦并不是一项简单工作，需要人长时间地弯着腰，用脚抵住黎锦的顶端，然后从上向下慢慢织绣，日积月累，很容易得各种关节疾病。目前，已经只有很少量的老人仍在坚持制作黎锦，年轻人大多都放弃了学习这门传统手艺。然而正是这些阿婆对传统习俗的传承，才使得这种黎族文化的瑰宝没有在历史的长河中湮灭。同样，这其中也不乏槟榔谷的贡献，正是它为这些阿婆提供了工作机会，使得这些艺术品有机会再次在世人的面前。甘什上村75岁的黎族老人林玉銮在槟榔谷景区演示黎锦制作工艺10年了，她说：“以前在村里人老了就没有什么收入，现在我来景区上班后，每月收入近2000元。”这种既保护传统文化，又解决村民就业的合作模式也得到政府工作人员的肯定。保亭县旅游局局长高淑兰说：“槟榔谷景区以市场方式挖掘、保护、传承、弘扬、展示海南黎苗文化，吸纳村民参加纺染织绣、竹藤编制，增加经济收入。”在景区可体验和观赏黎族原始制陶技艺、黎族树皮衣制作技艺等，给村民创造了近百个就业岗位。

绣面文身在文化的静态展示方面同样有着不可忽视的地位。绣面文身是黎族的风俗习惯中一个奇特的现象，女子一到12岁必须接受绣面文身的成人礼，否则就无法出嫁，死后祖先也不会相认，也就意味着不能葬在祖坟的墓群，这一风俗从3000年前就有了。文身的范围包括面部、颈部、胸部、四肢等，图案则因为部落、氏族的不同而各不相同，因为黎族是个没有文字的民族，文身的图案就成为展示民族文化的方式，被称为“海南岛的敦煌壁画”。从黎族文身文化的展示来看，在黎族的五大方言区中，哈、杞、润、美孚都有文身，只有槟榔谷所在的甘什村的赛方言黎族没有文身或早已消失，而其他四大方言区的文身图案、文身部位的多少等都各不相同。旅游开发以后，为了向游客展示黎族这一特有的民族文化，景区工作人员从其他黎族居民区邀请来了那些有绣面的阿婆入驻景区。由于绣面不符合当下审美观，且绣面过程异常痛苦（需要先画好图案，然后一针一针地刺），所以她们已经是海南最后仅有的绣面黎族人了，若干年之后，这部分文化只能从文字和图片了解到。游客可以免费和景区的阿婆们合影，唯一要做的就是合影前和她们说一声“巴弄”（音），这在黎语中是你好的意思。

如果说文化展示部分让游客充分、深入地了解了黎苗文化的话，那么与之相匹配的一些民族风俗互动则是让游客在了解文化的同时，亦享受到了其中的乐趣。这些风俗体验活动分散在槟榔谷景区不同位置，内容也各不相同，如展示黎族人娶亲习俗的体验活动中，黎族阿妹会装扮成新娘待在屋里，游客们则扮演黎族阿哥，以唱歌的形式“打动”新娘，促使其开门迎接新郎。在这种和游客的互动中，不仅让游客切身了解到了黎族的娶亲习俗，也让游客乐在其中。除了娶亲习俗外，还有打柴舞、拉乌龟、攀藤摘花等表演或让游客共同参与的节目。这些节目的设计既丰富了文化展示的内容，又作为休闲娱乐，为景区增添了色彩。

种种文化和自然资源的合理布局和应用，使得槟榔谷在海南地区成为首屈一指的旅游胜地，随之而来的则是客流量的疯狂增长，截至 2015 年，槟榔谷年接待游客数量超过了 120 万人次，位居全海南景区之冠。而客流量的增加也让槟榔谷的主营业务——门票收入大幅度增加。自 2011 年以来，景区收入连续几年保持增长态势，增长幅度高达 51.1%，如图 3-3 所示。

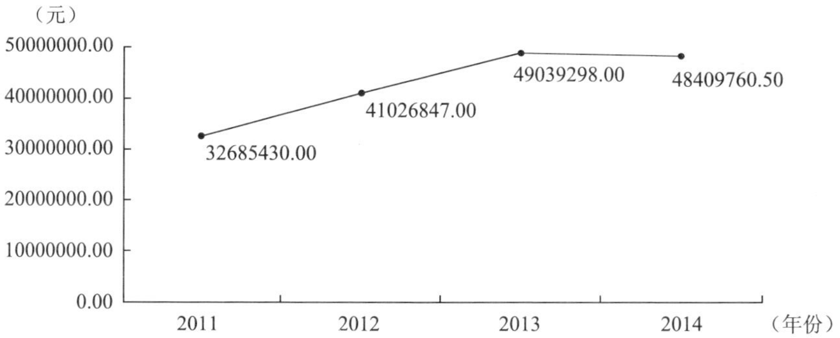

图 3-3　槟榔谷主营业务收入

资料来源：根据调研资料整理完成。

尽管如此，槟榔谷并没有故步自封，而是仍在积极探索新的收入来源，试图调整收入结构，提高企业效益和抗风险能力。将文化资源产业化，是其正在努力的方向之一。

五、文化资源的产业化路径

槟榔谷对于文化资源的合理应用和开发为景区吸引了大批游客的到来，而客流量的增加不仅为景区带来了可观的门票收入，同时也为民族特色产品的销售创造了巨大的机会，给景区文化资源产业化提供了可能性。由于景区客容量存在局限性，当游客数量达到景区最大容量时，为了保证游客的游览体验，景区不得不对游客数量进行限制，而数量一旦被限制，那么景区的主营业务收入就相当于碰到了“天花板”，如果想要创造更多的效益，戳破这个“天花板”，就不得不找寻新的赚取利润的途径。而景区文化资源的产业化似乎正在成为槟榔谷发展的突破点。

关于文化资源的产业化，槟榔谷的主要思路为通过保护、开发、利用自身文化资源，使其在文化旅游市场占据领先优势，进而将这种优势转换成游客数量的增加，如图 3-4 所示。游客数量增加将产生两方面的影响：第一，门票收入的增加；第二，景区内消费的增加。这两方面的影响将直接使槟榔谷在文化产业方面的投入拥有了来源和动力。一旦文化产业逐渐成形，那么槟榔谷的营业收入将不再仅仅局限于门票，企业的收入结构将变得多元化、复杂化，企业盈利能力和抗风险的能力将得到显著提升。

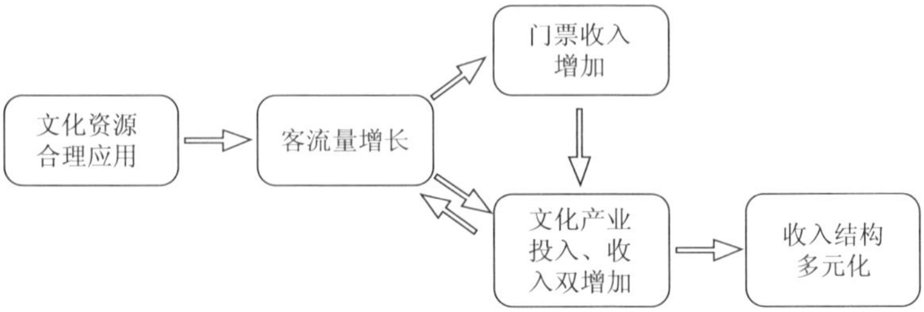

图 3-4　槟榔谷文化资源开发与产业化路径

资料来源：根据调研资料整理完成。

目前，槟榔谷的文化产业化主要从以下几个方面努力：

第一，对于文化产业的投入，如开发《槟榔·古韵》、承办“三月三”文化节等。这些方面的投入，使得槟榔谷拥有大量的游客基础。

第二，槟榔谷在景区各个文化宣传点销售自主开发和研制的传统黎苗文化产品，如黎族人传统饮料山兰酒、手工艺品黎锦，以及原生态药品“蛛王灵”（提取蜘蛛毒素制成的药品，用于治疗风湿、关节炎等相关疾病）等。

第三，在景区各个必须通道设置当地美食的销售点。民以食为天，既然游客来槟榔谷主要是了解黎苗文化，那么美食亦是不能错过的一个重要组成部分。槟榔谷通过对黎苗传统食品的深加工或直接售卖，形成了文化产业中另一个重要收入来源。

第四，多渠道营销让文化产品的销售不再局限于谷内。以前，景区内的产品销售基本都发生在游客游览期间，很少有直接购买谷内产品的现象，而互联网的出现，改变了这一切。目前，槟榔谷在天猫上拥有自己的店铺，不仅在该店铺销售门票，同时也将谷内的产品，如“蛛王灵”一并放在网上销售，实现了产品谷内谷外的同时销售。数据显示，自 2011 年以来，在槟榔谷不断的努力之下，文化产业的收入正稳步增加，2013—2014 年的增长比例甚至达到了 76.2%，如图 3-5 所示。

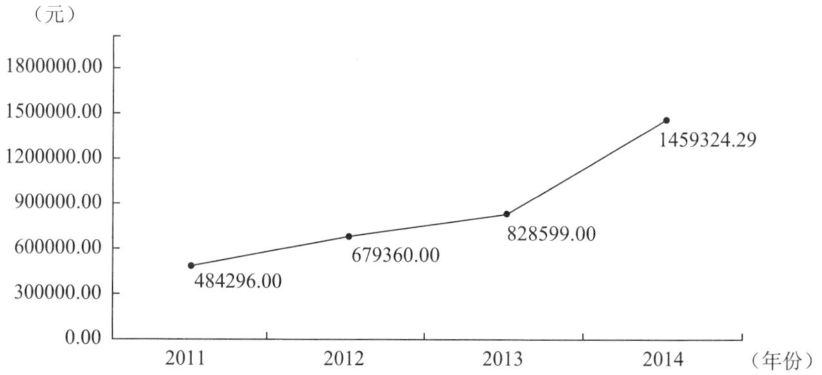

图 3-5 槟榔谷其他业务利润

资料来源：根据调研资料整理完成。

文化产业的开发不仅拓宽了企业收入来源、改善了收入结构，为企业带来源源不断的现金流，更为今后更高层次的发展做了铺垫。随着市场的变化以及景区的不断发展，槟榔谷还打算开发酒店、研究设施、娱乐设施等，逐步实现以景区收入结构合理、稳健的发展理念，发展旅游业。

案例结语

保亭县不仅是海南省重要的生态核心地区之一，生态环境优良，旅游资源丰富，同时也是国定贫困县。如何激活这个生态县+贫困县的资源优势，在当前中国可持续发展和海南“生态立省”的大背景下，无疑是一个非常有意义的话题。

槟榔谷将“挖掘、保护、传承和弘扬海南黎苗文化，使其生生不息”作为其企业文化，将企业发展与海南黎苗文化的传承紧密相连；通过开发生态旅游，以市场方式传承黎苗文化，促进了县域经济的发展。景区建设带动乡村改变贫困面貌，造福群众。相对地，景区在提升当地村民生活水平的同时，也为自身的扩建减少了阻力，进一步推动其发展壮大。

槟榔谷用动态和静态展示相结合的方法完美地将黎苗悠久、灿烂的历史文化和民族风情呈现给世人，为游客带来了一次黎苗文化的深刻体验。这种优秀的体验效果，离不开领导人员明智的决策以及全景区工作人员的艰苦奋斗。有付出，就会有回报，自景区开业以来，游客数量不断上升，公司发展也越来越快，从不知名的景区发展到了国内第一家以少数民族文化为主题的5A级景区。在发展

“海南国际旅游岛”的背景之下，为了谋求更进一步的发展，槟榔谷将在坚持原有的“保护为主，开发为辅”的指导方针之下，继续对黎苗文化进行深挖和保护，争取在未来让全世界都了解、体验到黎苗文化，让这份传承永远绵延下去，生生不息。

三亚热带森林公园的生态开发模式创新

采编/撰写：李世杰　汪　燕

案例摘要： 本案例描述了三亚热带森林公园从筹备、建设，到经营的阶段性成长历程以及其依据自身优势而形成的“极尽生态”的发展模式，并根据企业对自身的定位和未来的发展规划，探索三亚热带森林公园开发企业的运营机制创新，在此基础上总结其发展过程中的经验和不足，为其他旅游开发企业的发展提供参考。

案例关键词： 森林公园；生态化；运营机制

一、引言

历经十余载，毛剑锋、操竞东等人联手打造的热带森林公园，从一个名不见经传的景区，迅速成长为享誉海内外的国家4A级旅游景区。热带森林公园从2003年开始创建，到2014年已实现收入4亿元，为国家提供各类税收7500万元，先后获得“海南省重点旅游项目”“海南省节能减排创新示范企业”“国家4A级旅游景区”“国家级文化产业示范基地”和“全国用户满意工程标杆单位”等荣誉称号。

二、企业的发展历程

（一）企业概况和现状

热带森林公园于2003年10月开始投入建设。自2009年9月开园营业以来，累计接待游客1000万人次，至2014年底，园区动态投资达到11.7亿元，公司年收入达到4亿元，缴纳税收达7500万元，近三年累计税收达2亿元。

热带森林公园在旅游市场的定位是滨海山地生态观光度假型公

园。目前，热带森林公园主要有景区观光和“鸟巢”度假村这对孪生经营平台，已经开发出的旅游产品包括大佛石像、鸟巢云顶区、过江龙索桥、《非诚勿扰Ⅱ》试婚房和天街等知名品牌。

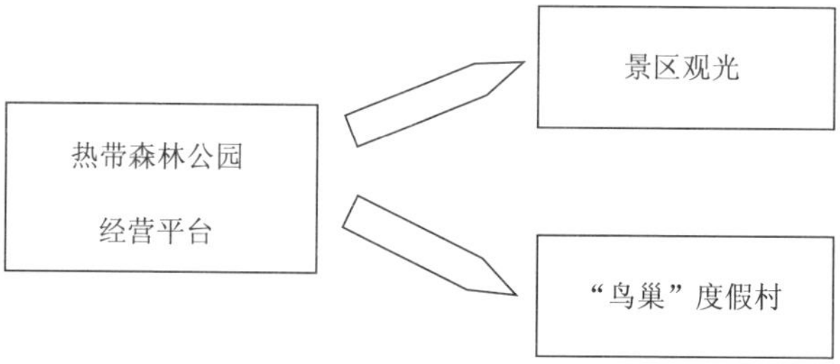

图 4-1 热带森林公园的经营平台展示

资料来源：笔者根据调研资料整理完成。

（二）企业的成长历程

热带森林公园所倡导的“极尽生态”理念，将其由一家不起眼的旅游景区迅速发展成员工人数超过 1100 余人的大型知名旅游示范区。热带森林公园一路走来充满奇幻色彩，其发展历程主要经过筹备期、建设期和经营期三个阶段。

第一阶段：企业筹备阶段。

2002 年 8 月，由海南飞帆实业有限公司向三亚市政府和三亚林业局提议建设亚龙湾热带森林公园，使企业有了第一次构想。

2003 年 3 月，三亚市林业局在海口召开热带森林公园项目的可行性研究相关领域的专家论证会并通过可研报告。

2003 年 7 月 16 日，三亚市林业局发布《关于建设亚龙湾热带森林公园的通知》（三林造字〔2003〕53 号），标志着热带森林公园项目的正式诞生。

2003年10月10日，三亚亚龙湾云天热带森林公园有限公司在三亚市工商局注册成立，成为专业从事森林公园项目和旅游业开发经营的法人单位。

2003年10月31日，经由三亚市人民政府批准，三亚市林业局与热带森林公园合作开发建设的滨海山地生态观光度假型森林旅游度假区正式投入建设。

2004年，为了保证森林公园项目规划中的生态环保理念得到完整实施，企业决定在保亭县七仙岭购置一块类似于热带森林公园的山地进行开发。随后，公司一举把保亭七仙岭天上人间热带雨林温泉酒店推向旅游市场，使得山地度假酒店一下子火了起来。可见，保亭七仙岭天上人间热带雨林温泉酒店的创意和实践为热带森林公园建设打下了坚实的基础并积累了极其宝贵的经验。

第二阶段：企业建设阶段。

2007年6月，热带森林公园正式开始动工建设；同年7月，公司将保亭七仙岭天上人间热带雨林温泉酒店转让给君澜集团，得到的资金全部用于森林公园的建设。

2007年7月，根据保亭度假酒店项目的经验教训和海南省国际旅游岛建设前期政策，公司与国家林业局规划研究院共同研究，重点对原总体规划进行升级修编，充实了热带森林公园项目的创新和生态理念。

2007年7月，市政府召开由林业、国土、规划、发改委等相关部门以及国家级的森林、旅游、园林、规划等专家参加的高层次专家评审会，一致通过总归修编。

2009年6月，景区面向全社会正式公开招聘1000名员工，这次招聘被称为“三亚市在世界金融危机后最牛的招聘”。

2009 年 9 月，海南省政府将亚龙湾热带雨林旅游区项目增补为海南省 2009 年重点建设项目。

第三阶段：企业经营阶段。

2009 年 9 月 18 日，亚龙湾热带森林文化旅游区正式投入运营，开园之后游客数量逐年上升。第二年入园人数就达 50 万余人，截至 2014 年，入园人数达到 220 万余人，累计接待游客 1000 万人次。特别是 2010 年，冯小刚执导的贺岁片《非诚勿扰Ⅱ》的热映，更使得企业名声大噪，无论是在游客数量上，还是在园区收入上，都呈现节节攀升的大好态势。近几年上缴政府的税费，2011 年为 4000 万元，2012 年为 6000 万元，2013 年为 6500 万元，2014 年达到 7500 万元。在海南省景区行业内经营收入排名第二，游客接待人数排名第三，呈现出良好的发展态势。

三、要走“生态开发”路

从一个名不见经传的景区，短时间里迅速成长为享誉海内外的旅游知名景区，热带森林公园有着自己的独特之处。从一开始的创意设计到走向市场化经营，热带森林公园在贯彻“极尽生态”的理念下，充分利用自己独特的优势和特有的经营方式，走自己的路。

（一）区位优势

热带森林公园有着其他热带森林无法比拟的区位优势。比如，和呀诺达同为自然风光秀丽且生态观光功能凸显的旅游区，但相比较而言，坐拥“天下第一湾”美称的亚龙湾热带天堂森林和“极尽生态”下的楼台庭院，使得呀诺达逊色不少。站在热带森林公园的不同高度、角度来欣赏亚龙湾，眼前的美景更富层次感：近有碧树红花，远有山峦起伏；视野更加宽广辽阔，上有天高云淡，下有球场绿茵，极目之处更有大海与长天一色，让游客由衷惊叹这的确是“天下第一海景”。

与呀诺达雨林文化旅游区从树根到树干慢慢地品味不同，热带森林公园是站在树梢从不同的角度看风景，此时的游客就像森林里的一只鸟，忘掉疲劳和心事，眺望着远方郁郁葱葱的丛林和深蓝色的大海，给人以舒适和征服自然的欲望。这也源于在“极尽生态”的理念下，热带森林公园引入“野奢”概念建造的“鸟巢”度假村使自己的区位优势得以完全凸显出来，既融入了美丽的自然环境，又有140余栋别墅及客房坐山面海，栖居于丛林之上，这些客房外表天然质朴，内设却十分奢华，建筑风格独具热带风情。入住“鸟巢”，栖居于丛林之上，傍山面海，看海天一色，听虫唱鸟鸣，远离尘嚣，极尽“野奢”。休憩期间体会天人合一，尽享私密空间，这一切实属不可多得的“现代生活方式与热带丛林”的完美结合。这就是区位优势下的热带森林公园，显得雍容亦不失典雅。

（二）品牌优势

如果说完美的区位优势使得热带森林公园占尽先机，那么在如今群雄逐鹿的旅游市场上，仅靠这一点是远远不够的。对于任何一个企业而言，拥有市场的最佳途径就是在具有市场优势品牌的同时实施有效的产品塑造战略，打造属于自己的品牌优势，在激烈市场竞争中维持和强化原有的市场地位。

热带森林公园的管理层深知品牌建设对于企业在发展过程中的重要性，在市场化经营中，围绕“极尽生态”的主题建立起了品牌优势。经过一段时期的开发建设，一批具有代表性的景点陆续问世，如人间天堂“鸟巢”度假村，被评为世界级森林个性度假村典范，处于亚龙湾之上，傍山面海，建造手法独特环保，这些生动有趣的“鸟巢”掩映林间的布局、曲径通幽的石阶栈道、山峦峰顶天池般的泳池，与热带森林景观融为一体，将“极尽生态”下的山野与奢华的完美结合的度假感受推向极致，创造了中国山地度假酒店的新概念。

具有代表性的热带森林文化购物体验的是天街，它是以休闲文化为主题的商业街，坐落在园区山顶，以《非诚勿扰Ⅱ》影视文化为元素演绎形成的咖啡厅、海南养生餐、海南花梨木、北纬18°邮局等多种业态商铺，为游客提供了一个认识海南、了解海南的文化艺术休闲小街。

浪漫激情的时尚文化是热带森林旅游区的又一大品牌。随着《非诚勿扰Ⅱ》的热映，使得这里成为海南婚纱摄影所热衷的选景地。特别在亚龙岭之巅建造了“天作之合”婚礼广场和婚礼教堂，专门成立团队为游客提供婚礼顾问、婚庆策划、蜜月套房等全方位一站式高端服务，让游客随时随地感受浪漫气息。园区还有一大批具有代表性的知名景点，如千里伞、峭壁天池、过江龙索桥等。

当然，为了在旅游市场竞争中占据优势，还有一些重要品牌项目正在建设中，如青年部落，它建成之后将形成一个由游客服务中心、青年旅舍、时光街、酒吧、陶吧、书店等组成的建筑群落，使其具有符合年轻人特性的住宿、休闲、购物和慢生活度假等功能，必定是全国乃至国际青年新的旅游方式与思维进行交流和碰撞的地方。另外，代表原创海南森林旅游品牌的天堂鸟文化也在积极筹建之中。

品牌优势是企业参与市场竞争的无形资本，正是将这些“极尽生态”理念下一连串的特色旅游产品拧在一起形成了具有热带森林公园特色的品牌，不仅使得热带森林公园的“二次消费”取得了可观的成绩，还在火热的三亚旅游市场上确立了举足轻重的地位。

（三）渠道建设

为了将景区和品牌推向市场，面向社会和游客，企业在“极尽生态”理念下进行建设的同时，也不忘把市场渠道建设放在至关重要的位置上。在旅游市场竞争白热化的今天，在一定程度上，可以说渠道也是企业制胜的关键所在。

企业在从开园走向市场化的过程中，积极开展渠道建设，并取得了理想的成绩。在景区开园初期，与各大旅行社合作，主要接待来自各大旅行社组织带来的团队游客，游客数量年年攀升。近几年，受国际旅游岛建设和自驾游风靡的影响，企业开始注重散客平台的构建，使得来景区的散客数量也逐年上升。据企业相关数据统计，景区目前接待的游客中团队游客的数量占比为 55%，散客为 45%。可见，景区的团散游客数量趋于均衡，结构更加合理，这也是企业的经营目标之一。

在互联网高速发展的今天，传统的线下模式已经不能满足大量客户的需求。企业抓准时机，在线上端积极与同程旅游等网站合作，及时提供景区的动态信息。在服务终端建设方面有自己的会员订票系统、微信平台和 APP 客户端，使得游客订票更为方便迅捷。现在游客可以在网上操作系统办理入园手续，来园区只要出示身份证、扫扫二维码就可以直接进入。据企业票务数据显示，园区的网上订票数量占比达 10%~15%。正是这些建设合理的渠道确保了企业经营目标按质按量地完成，也必将使企业的未来发展前景一片光明。

从一个“普普通通”的景点到一个驰名中外的旅游胜地，热带森林公园的过人之处远不止这些。其在准确把握自己优势的基础上，不断地进行开发和创新，努力地迎合市场需求，提高企业的核心竞争力，弘扬独特的价值和文化，坚持走自己的路，在旅游市场闯出了属于自己的一片天地。

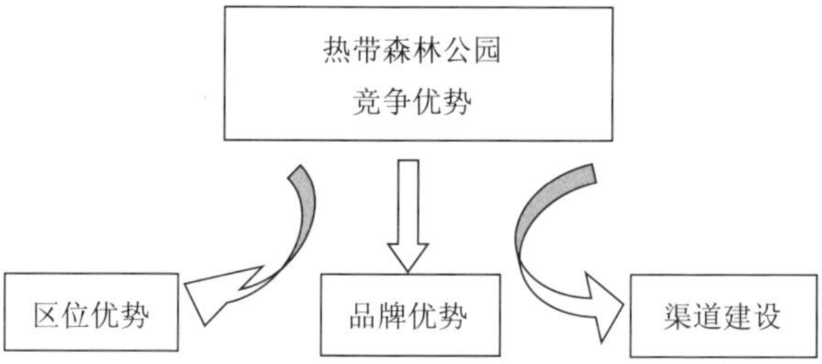

图 4-2　热带森林公园的竞争优势

资料来源：笔者根据调研资料整理完成。

四、“极尽生态”理念的发展

近几年来，三亚市政府一直围绕旅游促进经济发展，坚持打造生态强市的理念。面对三亚市的海滨因被多年的旅游开发消耗资源相对匮乏的现状，毛剑锋等人做旅游项目可谓是毫无优势。但是，他们带着那份执著和向往，坚持不懈地穿梭于三亚的大街小巷和深山老林之中。

（一）一次偶然的邂逅

选择亚龙湾这片热带森林，还得从一个人说起。公司现任的副总操竞东，湖北人，弃政从商的他来到海南，对三亚这片热土早有了深厚的感情，对这里风土人情、一山一水更是了如指掌。在一次路过亚龙湾的时候，与亚龙湾热带森林结下了不解之缘。当时的他就对这里很感兴趣。“这片雨林我曾经在地图上见过，亚龙湾应该就在周边，来都来了，去山上看看怎么样吧。”他顶着烈日朝着山顶爬去，循序渐进的高度，与众不同的角度，他被眼前的景观惊呆了，到达山顶眺望，他觉得这是他见过最美的三亚，“天下第一湾”亚龙湾就在脚下。此刻，他的心里久久不能平静。“得天独厚的亚龙湾热带雨林有着其他森林没有的区位优势，若是基于这些优势而加以开发利用的话，绝对是同类景区中的佼佼者。”

回去之后，他告诉了毛剑锋等人关于亚龙湾热带雨林的事，谈到了自己对这片热带森林的一些看法，几个人在他的描述下甚是神往，想要前去一睹为快。大家经过实地走访后，都对这片热带森林兴趣大增。在众多开发商和投资商趋之若鹜地把目光扎到海岸海景建设的时候，当西线旅游资源被开发殆尽的时候，慧眼识珠的他们把目光投向了东线，发现了这块“风水宝地”。这样，一来可以避开西线景区扎堆形成的恶性竞争；二来可以打通东线和西线，使三亚旅游整体实现再平衡。在准确分析当前三亚旅游市场开发情况的基础上，他们决心拿下这片热带森林，带着创意开发它，将它展现在世人面前。

（二）“极尽生态”下的森林公园

经过一番努力，在 2003 年，毛剑锋及其团队拿下了总面积为 1506 公顷的三亚亚龙湾热带天堂森林公园。而此时三亚旅游业也是如日中天，年旅游人数已经达到 5000 万人次，单就亚龙湾而言，每年吸引来的游客都达到了数百万人。到底该为这些游客送上哪些旅游大餐呢？对于这片极其可贵的热带森林，又如何去合理开发呢？

这里不像已经走向市场且被来自各地游客所接受的南山，有着佛家的古老传说；也不像知名的夏威夷和巴厘岛，有着享誉世界的开放式文化。到底该何去何从？究竟是打造一个新的南山，还是建造一个山脚盈利、山上公益的森林公园呢？

但是无论怎样构想，青山绿水在海南的发展中意味着什么，他们几个人心中比谁都清楚。鉴于该森林公园项目的重要性，为了保证其规划中的“极尽生态”理念完整实施，在开发建设意见还没统一、具体方案还没落实的情况下，公司管理层在一番头脑风暴过后，于 2004 年决定在保亭县购置一块类似的山地进行开发来试水山地度假酒店的规划、建设和经营模式。就这样，毛剑锋带着他的创意团队转战七仙岭。

借着七仙岭脚下的温泉名气，没过多久，一个 20 世纪七八十年代风格的四星级山地度假酒店投入试营，紧接着一路成长为保亭七仙岭天上人间热带雨林温泉酒店。热带雨林温泉酒店倚山而建，与热带雨林、野溪温泉自然融合，园林式的设计风格与自然景观浑然天成，是一家集健康、商务、休闲三重概念为一体的，带有极其浓郁的热带雨林风格的度假型酒店，这种罕见的“房在树下，屋在林中”的景观结合生态的理念潜移默化地深入人们的内心。由于理念新颖，建设手法独到，得到了有关部门和领导的一致认可，在同行业内取得了很好的反响，并且获得了可观的经济效益，为之后的热带森林公园建设打下了坚实的基础。2007 年，企业通过资本运作，成功地转让天上人间度假酒店的股权后，得到充足的现金流用于热带森林天堂项目的建设。在建设过程中，最终选取了一种全新的模式，即将度假酒店与景区观光相结合。事实也再一次证明，这一创新举动完全符合国家的旅游政策。

“极尽生态”的理念是在打造热带森林公园过程中坚持的一贯原则和赖以生存的生命线，正是当初那个“退到山上去”的决定，才有了今天的热带森林公园。

五、企业的运营机制

企业在开发和建设中的“极尽生态”理念，是积极响应市政府和林业局的号召、打造生态强市的重要举措。但是热带森林毕竟是国有林业资源，在开发和建设中其产权和经营权如何界定？又要采用怎样的运营机制呢？

2002 年 8 月，三亚市林业局与三亚亚龙湾云天热带森林公园有限公司共同提议创建亚龙湾热带森林公园，采取“国有林地、民营投资、合作建设、利益分成”的模式和机制，确立了国有民投这一创新国有林地建设森林公园的新体制。2003 年 10 月，经由三亚市人民政府批准，由三亚市林业局与热带森林公园合作开发的滨海山地生态观光度假型森林旅游度假区正式投入建设，园区行政归属三亚市林业局，开发建设和经营单位为热带森林公园。2011 年，三亚市林业局成立亚龙湾热带森林公园管理处，代表政府对项目运营情况进行监督。

热带森林公园在国有自然林业资源基础上加以开发，与三亚市政府合作，由政府指导并加以督促，以开发和建设高品质的旅游产品为共同目标。

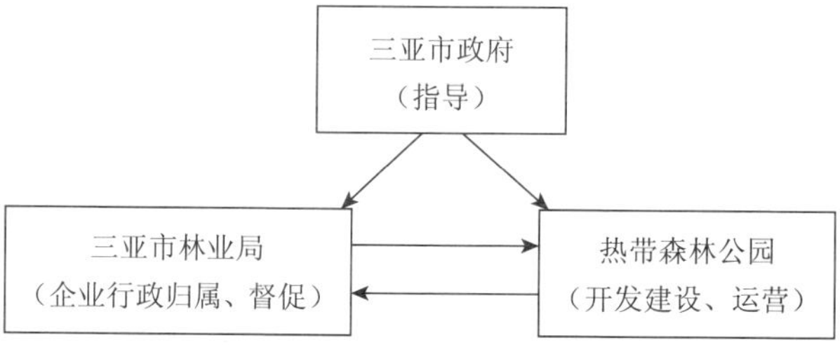

图 4-3 公司内在产权关系

资料来源：笔者根据调研资料整理完成。

2003 年，公司与北京规划合作部共同确定了开发建设性方案，接着在实地勘察地形过程中又进行重新设计布局，在之前的规划上做了局部调整。在三亚市林业部门的指导下，“极尽生态”的理念得到认真的贯彻实施。单就上山道路而言，之前的上山道路现在变成以车行道为主线路，以林中小道为辅助线路（考虑到人的因素）。一般的道路宽度是七米，而企业将山上道路严格控制在六米，这是基于“极尽生态”的理念，减少对山林的开发。在修路过程中遇到好的树种和石头会绕道避开，尽量做到“在开发中保护，在保护中开发”。在已经完成的一期开发中，热带森林的占用面积为 50 亩左右，接下来的二期计划将占用热带森林约 400 亩（与诚投公司共同完成开发），加在一起共计 450 亩完全控制在三亚市政府和企业达成的协议（2%的热带森林用以景区开发建设）范围之内。

2009 年 10 月，人间天堂“鸟巢”度假村全面试营业。神秘的“鸟巢”酒店建设，是“极尽生态”理念下的杰作，其创意灵感主要是借鉴保亭七仙岭天上人间热带雨林温泉酒店。这些“鸟巢”在掩映林间的布局下，每个客房间的距离隔得较远，一来可以达到“鸟巢”的主题特色，二来游客的私密性也得到很好的保护。为了打造新颖、奢华和野趣的主题，“鸟巢”的房屋构建成本花费比较高，在材料方面选用了大巴干豆这种优质木材来抗腐蚀和虫蛀，钢质结构作为框架来增加牢固性并提高安全因素。相比较而言，由于山上施工难度较大，人力成本很高。整个“鸟巢”的构建中采用的热水系统是由太阳能供电。“极尽生态”的超前性理念也体现在先进的污水处理系统上，每年处理生活污水达到37万吨。由于在自然生态方面别具一格，同时形成了产品的差异化，与山脚的海岸边度假形成了强烈的优势互补，近乎完美地塑造了适宜人居的“鸟巢”。

2009年11月，世界酒店联盟授予景区“鸟巢”度假村“十大新标志建筑”的称号。其实，鸟巢度假村的“野奢”当时并不为多少游客所知道，只有去过的人才有体会，它的迅速走红离不开一部电影的热映。

六、意外的广告效应

2011年12月22日，贺岁片《非诚勿扰Ⅱ》首映，一度揭开“鸟巢”度假村的神秘面纱。影片的热映带来的广告效应，使热带森林公园很快成为热门景点，同时再次助推了三亚旅游业的快速升温。

（一）《非诚勿扰Ⅱ》的拍摄

2010年3月21日，著名导演冯小刚首次来到三亚热带森林公园。丛林中、悬崖上的建筑群，罕见的“极尽生态”理念下的景色吊足了他的胃口，在上山的途中，曾多次叫停车辆，驻足欣赏。同一天，他在2010博鳌国际旅游论坛文化体育与旅游主题论坛上特别强调：“我很珍惜海南的原生态景色，我希望通过《非诚勿扰Ⅱ》

向世人展现热带森林公园的极尽生态之美，特别是海南之美，我也将把森林公园景区作为《非诚勿扰Ⅱ》的主景地。”

2010年8月，《非诚勿扰Ⅱ》剧组在和园区达成协议后进驻热带森林天堂公园。舒淇、葛优和姚晨等众多一线明星齐聚景区进行为期40天的紧张拍摄，在拍摄过程中，众星无不被“极尽生态”下的园区所折服。当然，对于这部备受关注电影的拍摄，景区从领导层到职工上上下下都给予了大力支持。不惜放弃与自己的企业利润相关的部分经营效益，控制前来入住的游客，对“鸟巢”进行相应的改造。虽然当时海南正受台风“康森”的影响，导致拍摄困难较大，但阻挡不了摄制方和景区对这部影片的投入。2011年12月，电影杀青，且作为年度贺岁片如期上映，票房大卖。

（二）《非诚勿扰Ⅱ》的热映

《非诚勿扰Ⅱ》的热映，影片里“极尽生态”下的唯美场景，给全国的影迷们留下了非常深刻的印象。整部电影中未出现一句关乎“鸟巢”的台词和热带森林公园的字眼，但山间峭壁天池、海天一色的人间仙境，让每个看过电影的人为之心驰神往，纷纷打听和寻找影片的拍摄地。

企业管理层洞悉到，《非诚勿扰Ⅱ》的热映在将热带森林公园的“极尽生态”理念推向全国的同时，必定也为企业推向全国市场做了一次漂亮的广告宣传。打铁需趁热，企业趁着广告效应在三亚和国内各大报纸媒体做相关的问卷调查，让人们去猜影片的拍摄场地，就连三亚人也惊叹原来远胜北海道的美景就在自己的眼前！各地的旅行社开始大力推广热带森林天堂公园的旅游产品，企业也毫不吝啬地为旅行社赠送相当数量的门票，进一步激发旅行社向游客推荐热带森林天堂公园的积极性。

《非诚勿扰Ⅱ》无疑使得亚龙湾热带森林天堂名声大噪，各地游客奔着“极尽生态”下的海天仙境纷纷涌入热带森林公园，游客人数的增加带来了景区收入的大幅增长。据统计，2009年开园，当年游客数量较少。2010年，游客人数井喷式上升，国庆一天达到4000人次。而随着《非诚勿扰Ⅱ》的热映，入园游客达到每天5000人次。游客入园人数已由2010年的50万~60万人骤升至现在的220万人。显而易见，热带森林公园成绩斐然。按照公司发展规划，计划在3年内完成自负盈亏，然而影片的广告宣传效应使企业目标提前一年完成。热带森林公园在2011年就开始盈利，之后每年盈利都呈现上升的态势。《非诚勿扰Ⅱ》带来的正面效应，让企业的管理者喜出望外。令人惋惜的是，景区只做了一定的宣传，并没有及时针对影片设计一系列全方位的旅游衍生产品。时至今日，当企业要再次做出相关的旅游产品时，已经失去了绝佳时机，成了企业一个必须吸取的教训。

七、未来之路

一路走来，热带森林公园的成功是带有传奇色彩的，但是任何一家企业的发展都不能停滞不前。在竞争激烈的旅游市场，企业即使收益良好，也必须居安思危，思则有备，有备无患。如何在现有的基础上不断地创新，提高企业自身的核心竞争力呢？

随着企业的发展壮大，实现跳跃性发展的必由之路就是上市。在访谈过程中，聂三来副总裁谈到了企业发展中遇到的瓶颈：目前，景区所有的基础设施全部完成，虽然公司收入在2013年达到4亿元，但相对于前期12亿元的投资还有差距。如果再遇类似SARS疫情的情况，企业将会面临重大危机。公司由于目前资金的缺乏，现金流障碍，使得“三亚度假村计划”“海棠湾发展计划”都要延迟。因为未来公司的发展必定是要做大和做强，为上千员工负责，公司需要走上市之路，也必须走上市之路。

企业园区计划总投资19亿元，截至2014年11月底，园区动态投资达到了11.7亿元，与目标还有一段差距，热带森林公园在二期的建设中面临着现金流缺乏的现状。公司擅长资本运作的赵枞副总裁向笔者解释了上市的好处：第一，这时候企业能广泛吸收社会资金，在解决现金流难题的同时可以迅速扩大企业规模。一些知名大企业，几乎都是通过上市融资，不断地进行资本运作，实现规模的裂变，迅速挤入大型企业行列。第二，企业上市后会受到全社会关注，从而有更好的发展机遇，并且接受监管当局严格的监管，使得公司在治理方面更加严格和规范。第三，上市将会使企业价值得到极大的提升，同时公司员工股份也有了价值，可以激发员工的工作热情，吸纳和留住企业内优秀人才。第四，可以使热带森林公园的形象大为改善、知名度大为提升，信誉与竞争力也会同时增强，获得社会对企业的信任，企业所倡导的“极尽生态”理念也会得到全社会的关注和相关企业的借鉴。就目前而言，实现公司上市已经在企业高层中达成共识。

就如何上市的问题，赵枞副总裁表示，公司会选择在上海证券交易所上市，因为深圳证券交易所是中小企业首选地，而上海证券交易所是大中型国有企业的首选地。如果企业在上海证券交易所上市，会使人感觉有更大的实力和前景。景区正在为上市积极做着准备，但是由于上市牵涉景区资源的所有权和使用权问题，企业正在和林业部门积极的沟通。2012年12月，三亚市政府与企业在原有合同的基础上修改并签订了《保护建设经营合作合同》，并加快推进公司上市规范改制步伐，争取早日使热带森林公园成为海南省第一家纯旅游上市企业。

相信在不久的将来，我们会看到热带森林公园活跃在上证指数的板块上，大的舞台必然将造就一个更加完美的热带森林公园。

案例结语

三亚热带森林公园从一个名不见经传的景区，在短时间内迅速成长为享誉海内外的旅游知名景区，有着自己的独特之处。景区充分利用自己独特的区位条件，开发了大佛石、鸟巢云顶区、过江龙索桥、《非诚勿扰Ⅱ》试婚房和天街等知名的旅游产品，并致力于市场渠道的建设，打造景区的核心竞争优势，坚持走“生态开发”之路。在“极尽生态”的发展理念下，三亚热带森林公园创新企业运营机制，采取“国有林地、民营投资、合作建设、利益分成”的模式，确立了“国有民投”的新体制，为景区的全面开发建设奠定了基础。此外，三亚森林公园借助影片《非诚勿扰Ⅱ》所来的广告效应，提高景区的知名度，各地游客奔着“海天仙境”纷纷涌入热带森林公园。在不久的将来，三亚热带森林公园会不断打破发展瓶颈，走上上市之路。

呀诺达的快乐内核与标准化管理

采编/撰写：李世杰　郭松燕等

案例摘要：本案例描述了呀诺达“快乐内核”的具体内容以及其融合高效军事化和快乐风格的标准化管理模式，并探索呀诺达在实践的基础上所建立的能够协调和指导相关政府部门、景区管理者、旅游从业者以及游客的善行旅游实用性准则和方法。这将有助于海南省在发展旅游过程中建立良好责任体系，同时，也对国内与旅游相关的政府部门、经营者、实践者、社区和旅行者在践行可持续旅游的工作中有所帮助和启发。

案例关键词：快乐内核；准军事化管理；快乐管理；善行旅游

一、引言

据张晖先生回忆，“平时很少做梦的他，常梦见神奇的合口河如一座莲花灯一般召唤着他”。正所谓日有所思，夜有所梦，“春来遍是桃花水，不辨仙源何处寻”，三道谷俨然成为现实版的世外桃源。这里是快乐的天堂，是张晖先生的梦中莲花。正是这个梦幻一般的地方，摇身一变，一个充满朝气与活力的五星级旅游景区“呀诺达”脱颖而出，犹如旅游行业内一颗璀璨的明珠，熠熠生辉。

二、企业“快乐”成长

三道农场，山清水秀、植被丰富、怪石嶙峋、藤蔓水潺，素有“海南的香格里拉”之称。就在2001年，张晖及其团队同三道农场洽谈后，达成了共同开发的协议。2003年8月20日，海南三道圆融旅业有限公司注册成立，同时其规划设计得以全面展开。景区先后开展环境影响评价报告和旅游总体规划。因为企业的“快乐”成长离不开健康的规划，首先必须对环境影响进行评价，这样健康规划才显得有章可循。在整体符合环境保护的前提下，三道农场坚持生态先行的规划原则，同时注重热带雨林生物多样性的保护以及生态考察和生态旅游的融合。正是有了先保护评价后总体规划的圆融理念，企业才很快嗅到了快乐的气息，再结合特有的快乐管理和“服务于游客”的理念，呀诺达很快成为热带雨林里耀眼的明星。

2006年6月，景区正式兴建。在保证自然生态不被破坏的前提下，景区通过精雕细琢，才有了绝美的初始容貌，“邂逅香巴拉，缘定三道湾”的主题呈现在游客面前，呀诺达的特色就此形成。

三、“快乐”经营

早在1998年，时任三亚南山文化旅游区总裁的张晖就下定决心拓展旅游产业链，由“蓝色海洋”向“绿色生态”延伸，开发野奢度假与生态养生模式，他和团队一直恪守“大生态、大文化、大教育、大旅游”的发展理念。

所谓大生态，就是向游客倡导一种新的消费模式，在消费伦理、行为准则、价值取向上以保护生态和追求人类与自然和谐共生为要旨，通过共同努力，再造一个环境优美、生态和谐的绿色家园。

所谓大文化，是将文化融入旅游产业之中。学界、业界均已有共识，旅游是文化和产业的高度融合。鉴于此，在品牌建设中，呀诺达奉行“文化精品”的原则，高度重视旅游文化的利用、整合、开发及创造，将文化内涵的拓展作为开发旅游业的基本出发点，立足于旅游文化架构的建设和积累。景区汇聚了具有特色的热带雨林文化、黎峒文化、南药文化、养生文化等优秀文化理念并将其融为一体，成为展示中华传统或者文化底蕴的窗口。

时代在进步，游客对生态和灵魂净化的诉求愈来愈强。景区通过生态教育、文化教育、雨林科普等方式，强化大教育的功能，让人们在移步换景中满足知识诉求。

秉承着“大旅游”的理念，呀诺达致力于创造一个文化旅游景区的精品，使得景区成为世界游客关注的焦点之一。

在北纬18°这个神奇纬线上的快乐家族中，除了风情独特的墨西哥坎昆、夏威夷群岛、芭提雅海滩度假天堂，还有同样别具一格的呀诺达。高水平规划、高标准建设和高效能管理，让山沟互动、蓝绿互补的热带雨林以骄人的姿态融入大三亚旅游圈，成为连接南东旅游的“黄金走廊”和中部旅游的极佳契合点。

四、“快乐”产品

在产品开发过程中，景区以快乐为主题，以热带雨林的天然形胜为基础，融汇“热带雨林文化、黎苗文化和生肖文化”等优秀传统文化理念，形成了一批以快乐为中心的高档次、高质量和高品位的旅游产业知名品牌，迅速完成产品的升级。

第一代旅游产品以快乐观光为主，主打热带雨林绿色风光，突出了生态教育功能，如雨林谷、梦幻谷、三道谷和雨林精彩表演和特色露营等；第二代旅游产品以快乐休闲为主，主打热带雨林文化体验，突出了快乐功能，如黎苗文化、生肖文化、婚庆文化和快乐雨林文化拓展等；第三代旅游产品以快乐度假为主，主打热带雨林野奢度假、休闲养生，突出了养生功能，如雨林养生会馆、禅修院、瑜伽会所、药师谷和野奢度假酒店等。

创新意味着不断的变化，要敢于创造新的理念和方法，为企业发展提供不竭的动力。呀诺达的创新是超越模式的禁锢而获得持续发展的动力，在产品方面推陈出新，创造了独树一帜的“V字礼”快乐服务，研制了特色的呀诺达雨林养生药膳，推出了主题鲜明的呀诺达雨林精灵。

五、"快乐"营销

景区2006年正式投入建设，2008年开始营业。短时间内，呀诺达从鲜为人知的深山老林，摇身一变成为享有盛誉的知名5A级景区，完成逆袭。

对于任何一家企业来说，营销是通往成功道路上的一个关键环节，呀诺达巧妙地将快乐元素融入营销之中，迅速引爆旅游市场。它将自己的"快乐"营销理念与自身优势相结合，引领了行业发展。

（一）快乐周边营销

景区在发展中积极响应政府的号召，在营销过程中不忘身边的社区，与社区形成互动，重视维护与社区的关系，达到互利互惠，促进共同发展。

在企业快乐理念下，景区和社区正形成一种搬迁、改造、生活和就业的新和谐模式。企业始终关注扶贫和民生，与周边社区建立共享利益的机制。不忘初衷，方得始终，景区每年拿出收入的一部分为村民购买城镇居民基本医疗保险，成立贫寒学子助学金，为周边的劳动者提供就业岗位，很好地实现了企业的可持续发展。

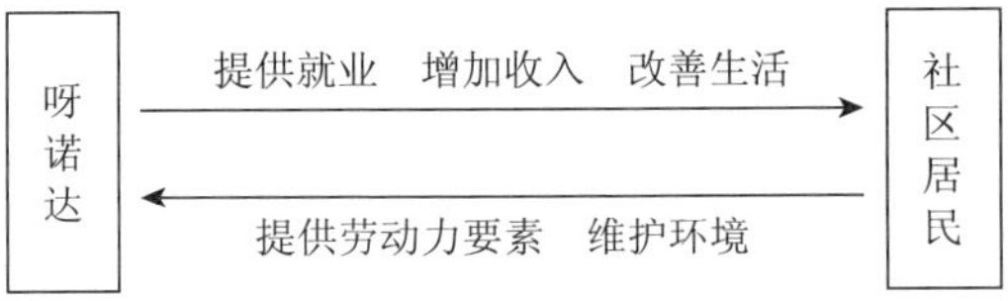

图5-1　呀诺达与社区居民的依存关系

资料来源：笔者根据调研资料整理完成。

（二）快乐品牌营销

品牌营销对呀诺达来说不仅仅是一个口号那么简单。“V字礼”已经成为一张深入人心的名片，它包含了丰富的文化内涵，具有深层次的现实意义，地地道道地展示了宝岛淳朴的风土人情。原生态的热带雨林环境、古香古色的海岛民族风情和传统的文化底蕴在这里表现得淋漓尽致。

提到呀诺达的品牌营销，少不了树蛙，它们在呀诺达就像一个个跳动的精灵，为雨林增添了一份神秘的色彩。刚入园的你定会被这些憨态可掬、古灵精怪的小东西迷住，它们也被誉为景区的形象代表。

（三）快乐关系营销

美国学者巴巴拉·本德·杰克逊在1985年首次提出关系营销概念，被许多企业成功地借鉴。毫无疑问，呀诺达就是将快乐元素融入关系营销中，使得游客、旅行商、其他行业竞争者及政府机构等有机地融合在一起，并与公众建立了良好的关系。

秉承全心全意为游客服务的理念，营销部门常年对游客满意度进行问卷跟踪调查，以不断更新自己推出的产品。同时根据游客的需求，不断推出迎合旅游市场的产品，提高景区服务质量并改进设施，如景区推出蜜月时尚假期产品。

景区同时与旅行社、酒店和旅游经销商建立了牢固的合作伙伴关系。对旅行社采取“请进来”与“走出去”相结合的策略，邀请旅行社前来景区参观了解并共同参与景区推广工作，借助酒店、景区推介会等平台做好宣传推广。

面对竞争时，景区秉承快乐相处之道，将孙子的“不战而屈人之兵”融入景区的市场竞争法则中。在避免了与竞争对手针锋相对的同时，又发挥了自己的优势并减少成本，回避对手强项而利用其弱项将竞争进行拆解。面对竞争，企业不断进行创新，开发新的产品，改进服务质量，保持自身的优势，甚至采取联合与分工合作，实现共赢。

亚龙湾热带森林天堂因为《非诚勿扰Ⅱ》声名远播，而企业在经营特色上与之具有高度相似性。企业审时度势，在面对强大竞争对手的同时，不断强化与旅行社、酒店以及游客的关系纽带。企业利用自身客源分流效果不明显的特征，狠抓特色，做好本分，确保了游客数量的平稳增长。由于与槟榔谷的侧重点显著不同，双方化竞争为合作，使中线旅游的两个产品形成了有效的互补，同时与五大热带雨林合作推出新的旅游产品，完成了由快乐旅游观光上升到快乐旅游度假层面的蜕变，形成热带雨林品牌，用快乐元素去感染每位游客。

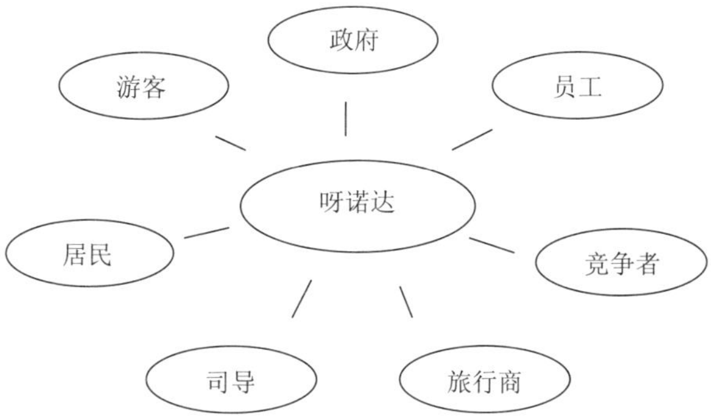

图 5-2　呀诺达的关系网络

资料来源：笔者根据调研资料整理完成。

（四）快乐全员营销

作为呀诺达特有营销方式之一的全员营销，就是以游客市场为中心，整合企业资源，采取科学管理手段，在企业的实践中取得了良好的效果。

呀诺达有机整合了现有的旅游产品、价格元素、营销渠道和促销活动，以及产品的市场需求、成本、交通便利、旅游服务等营销手段和服务，实行整合营销。与此同时，企业员工上下以市场和营销为核心，推陈出新，财务和行政等部门统一以市场为中心、以游客为导向开展工作。优质服务是景区营销的保障，把“诚心而来，感动而归”的正能量传递给每位游客，员工们更是秉承着“快乐生活，用心工作”的理念，诠释了快乐元素的真谛。

企业还结合其他营销策略，如建立自己的门户网站和论坛，与多家媒体进行合作，利用微博、微信进行线上营销，从而完成了快乐营销。淘宝、团购已成为新的促销方式，增加了门店销售，实现薄利多销，在给企业带来效益的同时，也降低了游客的消费成本。

企业在进行市场拓展时，采用省内带动省外的方式。首先在省内进行市场营销，当在省内市场推广形成一定规模和效益后，再果断进行省外市场的营销，以获得更大的市场份额。

依靠散客带动团队消费的模式也是企业打开市场的重要途径。一方面，可以继续拓展散客市场；另一方面，也可以开拓团队市场。不放松散客市场的拓展，使得散客这一潜在客户群体得以维系；而团队是景区入园量的重要保证，也是市场的核心之所在。

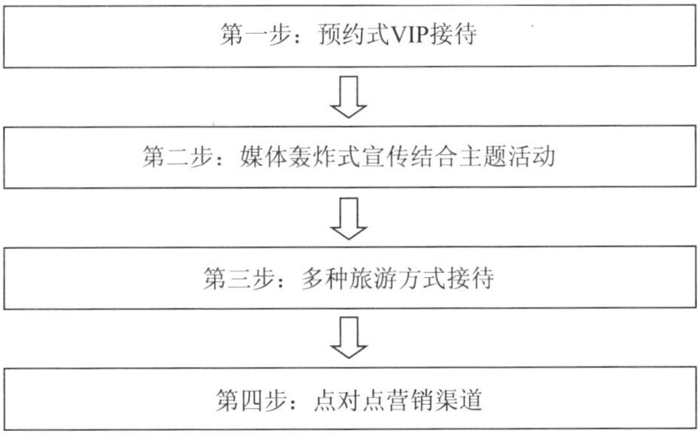

图 5-3 “省内带动省外”策略步骤

资料来源：笔者根据调研资料整理完成。

六、呀诺达的标准化管理

呀诺达的管理方式不同于其他行业，它结合了高效的军事化管理和极具特色的快乐管理，企业在融合管理下显得强劲有力，生机盎然。

（一）准军事化管理

景区的员工来自各地，是怎样的管理让这 700 名来历有别、性格迥异的员工始终抱着同一颗为游客服务、为企业奉献的心而工作呢？是准军事化的管理，在塑造让员工快乐的管理氛围的同时，达到快乐企业的经营目标。

“世界上最优秀的管理在军队。”作为呀诺达的掌门人，军人出身的张涛比谁都了解这对公司管理的重要性。所谓企业军事化管理，是指一个企业把军队的管理方法、管理模式和管理经验作为借鉴，并把这些方法、模式及经验与现代管理相结合，有效地运用在企业各项管理工作之中。同时，这种管理方法大大提高了企业的执行力，增强了团队的凝聚力和战斗力。

“令行禁止，快速反应”是军事化管理的核心，也是最基础的一条准则，呀诺达的成功正是得益于其员工的行为准则巧妙地融合了军事化管理和服务业从业人员应具备的服务特质。令行禁止是执行力的最直接体现，大幅度提高工作效率的同时，培养了团队精神和工作氛围。快速反应体现了员工处事作风中的迅速果断、雷厉风行和良好工作素养，而服务中的每一个细节处理都会影响到游客的体验质量。

细节决定成败，每个员工将准则贯彻到每个细节，从而成为一支高执行力、灵动活泼的队伍。在目标明确的前提下，追求满意服务有利于克服军事化管理中权力过于集中导致的员工话语权丢失问题，这是呀诺达在军事化管理方式的基础上，结合现代服务业特征和现代企业管理方式的一个理念创新。

特有的制度化和规范化并不能代表服务的方方面面。军事化管理方式被运用到企业中时，需要进行有针对性的创新和融合，服务于游客必须做到整体服务的规范完整和细节服务的到位，这样才能提高工作绩效，赢得游客的满意和赞许。而在军事管理方式上创新的前提是实现无障碍沟通，呀诺达在纵向和横向沟通渠道方面均保持了畅通性和有序性，从而实现管理的有序性。

向下沟通渠道包括部门会议和训练，不仅可以增加员工对景区工作的参与感及归属感，还协调了组织内部各层次的活动，使景区服务活动得以正常有序进行。景区是一个整体，只有协调一致才会有好的服务质量，因此，水平沟通也很重要。每周一次的部门经理会议和针对具体事务的非正式沟通等方式，保证了各部门协调工作得以顺利完成。向上沟通渠道是基层管理人员和员工通过一定的渠道与管理决策层进行交流，通过层层传递和越级反映，促进了非正式沟通的有效开展。

呀诺达的创新管理方式利用了军事管理中的自我管理模式，重视对员工自我管理素质的培养，而不是形式上局限于把人管住、控制住，更多是把提高员工的自我管理能力作为提升企业战斗力的基础工作，并感染着身边的每一位参与者。

管理团队充分意识到快乐元素对企业发展的重要性，景区在建设阶段就设计了一套快乐管理的理念体系：执行军事化管理，把优良的军营文化和快乐圆融文化有机结合，打造一支令行禁止、快速反应和超越游客满意的快乐服务管理团队，以发现、培养、反馈、激励、考核到评价的完整人力资源管理作为机制，建立科学用人、快乐管理的发展观，以企业持续发展为方向，实现景区的跨越式发展。

（二）快乐管理

在经济快速发展的今天，高物质和高消费背后，幸福感逐渐流失，快乐渐行渐远。人性是追求快乐的，人们倾向于选择更快乐的体验。在此认识的基础之上，呀诺达明白只有做到让员工快乐，才能真正做好管理。

1. 快乐管理的核心

在全球化进程日益加速推进的同时，企业的竞争也愈加激烈，如何提高企业的核心竞争力成为每个企业所关注的核心问题。呀诺达也不例外，作为一个新兴的大型旅游企业，呀诺达提出了极具特色的运营实践八字方针——“学习、创新、执行、快乐”，这是快乐管理的核心思想源泉。

学习是一个不断突破的过程，全企业通过学习可以增强凝聚力，提高竞争力。学习要求我们把个体融入团队之中，产生个体与整体和谐互动的化学反应，在学习中体会快乐。

创新是一个动态的过程，是敢于否定原有的经验和思想，勇于创造新的理念和方法的实践，它涵盖了创新策略、流程、绩效和技术等多项功能，是企业获得持续发展的动力。

执行是纪律和决心，是企业必须遵循的原则和实现战略目标的唯一途径。人员、战略和运营三个核心流程在执行中，关系到企业建设、管理和发展的全过程。它们之间相互作用，最大限度地使企业降低了成本、创出了绩效、化解了风险，并在市场中胜出。

快乐是一种境界，更是一种超然的态度。通过不断的学习、创新和执行，达到认识自我、超越自我和挑战自我的完美结果。在企业的发展与员工的个人愿景达成一致时，企业创造出社会效益，个人也获得认可并实现自我价值，这才是企业快乐文化的重要内涵。

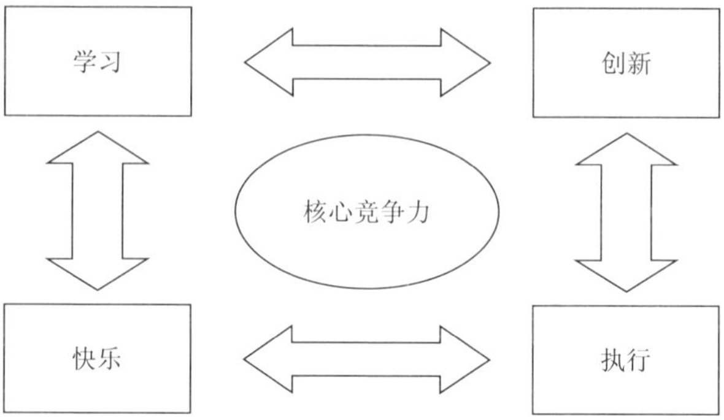

图 5-4　快乐管理核心

资料来源：笔者根据调研资料整理完成。

随着经济全球化进程的加快，各产业领域与国际全面接轨，旅游企业面临严峻的挑战。这时候就要塑造企业的核心竞争力，它是企业赖以生存和发展的关键要素，能为企业带来超额利润。

2. 快乐管理的“三个环节”

企业的核心竞争力也是快乐管理的核心环节，而核心环节的顺利运行还得依托如下两个关键环节：

呀诺达拥有资源、文化和团队的优势竞争力，打造了坚实的第一环节。企业依托自身的资源优势，形成集约化保护、开发和管理模式，将海南独特的民俗文化融入自己的文化中，形成国内唯一、主题鲜明的大型旅游景观。优秀的团队成为第一环节的有力推动因素，企业的管理团队主动学习国内外优秀景点，了解自身的特点、游客的需求、旅行社运作的困难，形成高水平策划和再创造的能力以及高水准的管理能力，努力打造差异化产品。

有了第一环节的三大优势竞争力作为支撑，企业战略、运营和人员迅速成为快乐管理的第二环节。

战略是企业在市场竞争中的策略，为企业赢得市场份额，能够为投资者获得丰厚的回报。呀诺达的战略项目主要由景观产品群链组成，并形成将人员和运营连接起来的战略规划。

运营涵盖了优秀的国际化管理、市场运作和数字化操作系统。运营计划把企业的目标分解为阶段性任务来完成，并在完成过程中对任务不断地加以调整从而及时更新，并在战略和人员之间建立联系。

人员是第二环节的核心。市场判断、战略的制定和执行流程都需要人来完成，人才是企业最具优势的资源。

呀诺达的景观产品群链成为企业的核心竞争力，也是核心环节。品牌群链是区域范围内由精品产品链形成的品牌群。作为新兴的旅游企业，通过“五大主题景观群”的规划，对资源进行整合和编制，将储备资源转化为主题鲜明的旅游产品。通过资源集约化、经营一体化、运作品牌化、市场网络化等方式，短时间内在较低的成本、最贴切的项目文化内涵和最优质服务的齐心协力下，海南旅游的旗舰品牌诞生了。

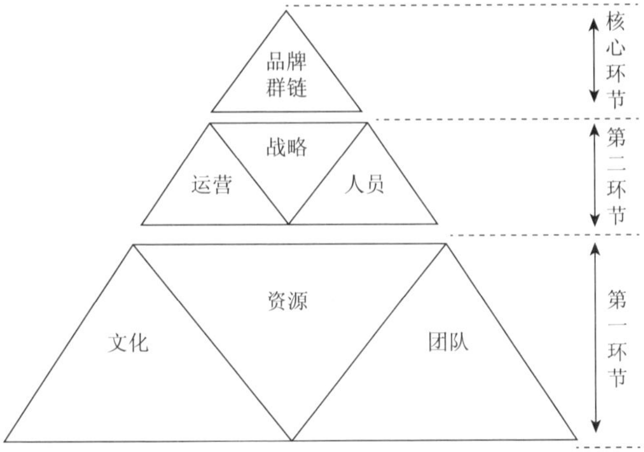

图 5-5　快乐管理的三个环节

资料来源：笔者根据调研资料整理完成。

快乐管理的三个环节环环相扣，缺一不可，并成就了一个强大的呀诺达。它将“三个满意，两个效益”作为自己的考核标准，顾客满意带来了游客数量的攀升，管理者满意带来了企业的良好运营，投资者满意使得投资回报率不断增长，从而源源不断地创造社会效益和经济效益。

3. 快乐管理的流程体系

快乐管理不是一句口号，不是虚幻的空中楼阁，它真实体现在呀诺达的各部门运营之中，有着相当严密的流程和执行步骤，图 5-6 所示的流程图详细地呈现了快乐管理的机理。

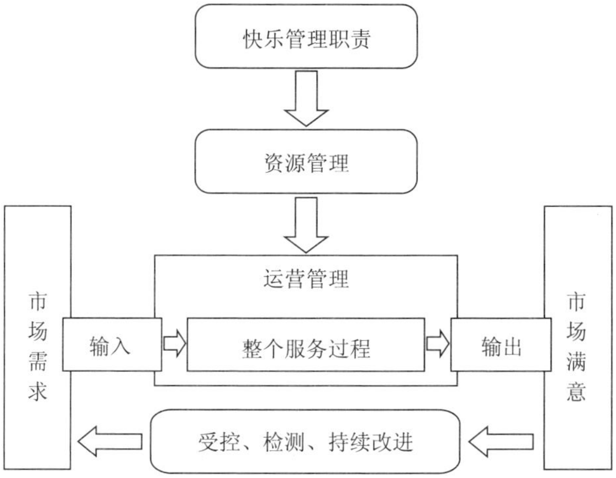

图 5-6 快乐管理流程

资料来源：笔者根据调研资料整理完成。

快乐管理职责包括企业的宗旨、方针、目标、职责、权限、执行的全过程，同时也涵盖市场需求、营销、策划、质量手册、质量控制和管理评审。企业的资源管理包括对人力资源、物质、设施、环境和社会资源等的管理。运营管理涵盖了全员运营、顾客营销、整体流程、后期保障及其服务、质量控制。受控、检测、持续改进环节包括顾客满意的全要素运营、受控过程、内部检测、数据分析和持续改进。

七、呀诺达快乐项目的升级

一些新概念的提出，不断地拓宽和丰富旅游的范畴，如生态旅游、绿色旅游、低碳旅游和可持续旅游等。但是，呀诺达快乐项目的“升级版”——“善行旅游”项目再次吸引了全球的目光。

何谓“善行旅游”？它的概念在2011年4月亚太旅游协会六十周年暨年会上被首次提出，是一个全新的概念，是一种别样的旅游方式。善行旅游不是简单的旅游，它不仅是经济问题，还包含了更深层次的，人类在面对自然环境和文化遗存、人与人之间关系时所秉持的价值观、道德观。“善行旅游”主要侧重于人与自然之间的和谐与共处，不同文化之间的包容与对话，历史与未来的延续与发展，人在旅行中的思考与成长，人与人之间的平等友善与互助互利。

2011年12月3日，联合国教科文组织的“善行旅游”项目启动仪式在呀诺达雨林文化旅游区举行。“善行旅游”项目的核心就是强调多元化旅游资源对旅游可持续发展所贡献的价值，把遗产的真实性作为遗产旅游的核心吸引力并通过旅游来促进旅行者的人生发展、旅游点社区发展以及旅游从业人员的素质提高，这些正好与海南在国际旅游岛建设过程中面临的课题相吻合。

这次联合国教科文组织把“善行旅游”项目起点设定在呀诺达，又一次为景区发展注入了新的动力，从而实现景区发展、管理、服务与品牌的全面提升。呀诺达会继续坚持自己的快乐理念，将快乐方式、快乐管理贯穿企业的始终。企业会不断探索，不断突破创新，抓住“善行旅游”项目的契机，率先制订旅游行业的“善行旅游准则”，创建海南国际旅游岛景区发展新模式。

"善行旅游"有效地促进遗产保护与人的发展，基于天人合一、文化包容、可持续发展、负责任旅游等理念的结合，它倡导自然与文化遗产的保护、利用，以及鼓励创造未来遗产的旅游创新发展理念，其中"生态性"与"文明性"奠定了"善行旅游"的基础。

过去的旅游理念，不管是绿色生态旅游还是可持续旅游，都将目光集中在了游客与资源环境的关系上。"善行旅游"相对于旅游发展之初只关注游客个人享受的旅游方式迈进了一大步，但对旅游所涉及的其他相关者利益并没有更多体现。呀诺达会通过践行与推广"善行旅游"的理念，在实践的基础上率先建立起一套能够协调和指导相关政府部门、景区管理者、旅游从业者以及游客的实用性准则。这将有助于海南省在发展旅游业过程中建立良好责任体系，同时，也对国内有关旅游政府部门、经营者、实践者、社区和旅行者在践行可持续旅游的工作中有所帮助和启发。

案例结语

呀诺达景区集热带雨林、峡谷奇观、流泉叠瀑、黎峒风情、热带瓜果、温泉等多种旅游资源于一身，结合其"大生态、大文化、大教育、大旅游"的发展理念，开发了集野奢度假与生态养生于一体的旅游新模式，打造了一批融合"热带雨林文化、黎苗文化和生肖文化"的旅游知名品牌，形成了一系列高质量、高品位和高档次的旅游产品。

呀诺达巧妙地将快乐元素融入营销，关注扶贫和民生，建立与景区周边社区共享利益的机制。与此同时，企业将游客、旅行商、其他行业竞争者及政府机构等有机融合在一起，建立良好的公众关系，形成快乐关系营销网络。在经营管理方面，企业结合高校的军事化管理和极具特色的快乐管理风格，练就了一支兼备高效执行力和灵活快乐的工作团队。随着企业发展的不断壮大，呀诺达将不断拓宽和丰富旅游的范畴，践行“善行旅游”，强调多元化旅游资源对旅游可持续发展所贡献的价值，倡导自然与文化遗产的保护。

凯迪网络的数字化生存

采编/撰写：高　健　汪　燕

案例摘要：本案例描述了凯迪网络围绕信息服务，利用信息产生、信息收集、信息提纯、信息分析和信息消费五个环节形成信息网络化的历程；分析了用户能持续获得优质产品和服务的原因是四大技术的保驾护航，即防御和大数据处理技术、提升数据挖掘技术、完成机器学习和人工智能以及数据关联计算和预测技术；探索了在运作过程中凯迪依托其强大的平台和优质的客户群实现价值创造的途径。但同时凯迪也面临着互联网项目投入成本巨大、回报周期较长的问题，以及来自新兴媒体和社交软件的冲击，这也是凯迪未来需要突破和创新的重点方向。

案例关键词：凯迪网络；网络化；百姓家谱；社区运营；大数据；凯迪模式

一、引言

“互联网是一个高速发展的行业，瞬息万变，企业的创新刻不容缓，及时跟进互联网技术的革新，满足互联网用户不断更新的、更广泛的需求，才能在激烈的市场竞争中立于不败之地。”这是凯迪网络创始人肖增建告诫企业员工的一句话。

高瞻远瞩的他对这个时代究竟需要什么有着自己的认识：“步入信息时代，互联网必然是信息传播的最好工具，没有之一。如何努力打造一个好的信息平台，能够集信息产生、收集和共享于一体，必定在行业里游刃有余。”

总部位于海南海口市的凯迪网络就是拥有这样一条完整信息链的互联网企业。在人云亦云的市场里，这个快速发展的行业，只有不断加大新技术的研发投入，形成具有自己特色的互联信息网络，满足客户需求，才是长久之路。依靠互联网信息平台，凯迪开发了一系列具有市场竞争力的产品，获得了市场份额，其影响力远超其他的社区网站。

我们身在互联网时代，但你是否仔细想过它带给我们的到底是什么？

二、信息网络化下的凯迪

凯迪的信息网络可以描述为“一个中心，五个环节”。一个中心是信息服务，五个环节分别为信息产生、信息收集、信息提纯、信息分析和信息消费，由此形成信息的网络化，这也是凯迪的精髓所在。

凯迪利用互联网作为平台将凯迪社区的注册用户发展到了1400万人，15年来积累起来的庞大客户群意义非凡。凯迪社区是信息发布产生的主要平台，内部系统对平台的信息进行收集和处理（包括对信息进行过滤和提纯），再借助于大数据平台和云情报系统进行分析和归类，最终回到平台进行信息发布和共享，达到网络化下信息创造价值的目的。

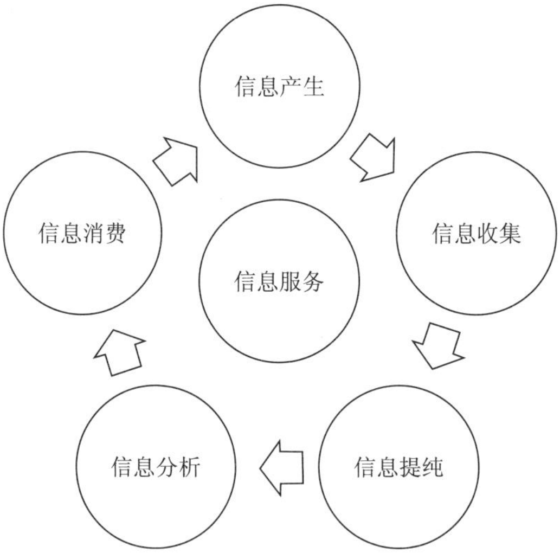

图 6-1 凯迪网络的信息网络化结构

资料来源：笔者根据调研资料整理完成。

企业的存在价值终究要回到创造利润上，而利润来自用户对产品和服务的消费。凯迪依托社区平台和大数据服务创新平台，对业务板块进行衍生和扩充，使相应的产品和服务得到开发和升级。

三、社区平台和产品服务

凯迪信息化网络一经形成，一系列优质的产品和服务就陆续面世，这与企业从创立之初就倡导“客观、公正、理性、宽容”的互联网文化宗旨是分不开的。

凯迪社区以网络社区的形式进行网上信息发布并作为交互的社会化媒体平台，涵盖了“猫眼看人”“经济风云”“史海钩沉”等多个垂直内容板块，为用户提供了全面、有深度的网上社区互动服务。不仅在线上，凯迪社区在北京、上海和重庆等地通过地方会馆举办“下午茶”活动，实现了线上和线下互动结合。

社区平台搭建起来了，而如何利用好平台做文章才是关键。网络媒体相比于传统媒体有着巨大的优势，历来受到众多企业和商家的追捧。凯迪网站利用广告位置为众多的客户搭建形象和产品展示平台，为适应发展的需要，现在企业的互联网广告业务已经由单纯的线上发布广告转型为线上广告与线下营销活动相结合的综合性广告，这也是互联网广告的发展趋势。

如今，一个大规模生产、分享和应用数据的时代正在开启。凯迪早在 2011 年 6 月就正式推出猫眼云情报（KCIS）平台，接着推出 KCIS 舆情产品系统，通过对舆情信息的预警、追踪、统计分析，为各级政府组织或企事业单位的管理者提供有效的决策支持。

凯迪在 2014 年将服务转型升级，以此为大数据平台，结合市场研究的模式，把客户、公众和营销者通过信息联系起来，为客户提供指数模型设计、消费者洞察、市场机会定义与识别、营销组合制定与优化等咨询服务，实现信息到创造利润价值的转换。

企业在大数据平台下研发了新型调查问卷工具——“问卷宝”，基于新媒体微博和微信平台，通过第三方用户平台收集目标用户群体需求、意见以及问题反馈，为客户提供各种决策的核心依据。在实行问卷调查后，系统将自动对结果进行分析统计，根据数据挖掘技术发现并提取与调查结果相关的有价值信息。

依托优越的平台、资源和过硬的专利技术，凯迪打造了社会化媒体和数据服务两大创新平台，在原有资源的基础上，以准确的市场定位，将创新平台应用于文化项目开发和设计中，如“行走者”“思享者”“低碳论坛”和“百姓家谱”等一批品牌活动及项目，立足于文化，获得良好的社会评价和经济效益。

在凯迪的众多文化产品项目中，“百姓家谱”项目最具文化性质和特色。在我国，家谱是以血缘为基础的一种文化，修家谱是为了构建同一血源的谱系。如今人们强烈的“寻根”和乡土意识，使得族谱文化得以复兴，同时随着家庭单元的细分、迁移及碎片化，亲情面临现代快餐文化的巨大冲击。在这样的背景下，“百姓家谱”由“百姓家史”栏目演化而来。2012 年底，凯迪网络以文为媒，发起“百姓家史”文化征集活动，活动在凯迪社区平台上以网络专题与线下专访相结合的形式，记录网友的故事。

在凯迪创意团队的“垂直化”思维下，“百姓家谱”将现代网络技术与家族历史文化连接起来，提供在线修谱功能，并融入云存储、私密社交及电商功能，实现个人、家族、宗族的历史记录和家族关系服务。

世界的面貌正被互联网改变着，大到社会的结构、治理、传统等领域，小至每一个人的工作、生活、行动和沟通。

互联网信息技术的新产品不断涌现，线上线下（O2O）、软硬件结合的物联网、云计算、大数据应用已经成为当下及下一轮产业革命的趋势，对传统产业开始了“颠覆式改造”。

而凯迪的“百姓家谱”作为一种新型互联网文化服务产品，具备了全用户基础、全用户需求、承接传统文化转型的特点，其四大亮点让人耳目一新：

唯一性：凯迪为国内唯一一家以家谱文化为互动基础的社会化媒体平台，区别于静态、单向、残缺的修谱工具。

切合性：凯迪具备先天的用户资源和转化优势，其受众特性及深厚的文化特性，切合“百姓家谱”平台。

工具性：以社会化媒体为基础，融合移动互联客户端，强调互动和推送，以及社会化关系的建立。

辐射性：以厚重文化感动人，以精品文化吸引人，以互动文化聚集人，以正统历史文化触动华人网友的中国心、民族气、家族情。

“百姓家谱”作为凯迪主推的文化项目之一，迎合了互联网企业的运营模式，实现了企业依托文化项目的战略规划和效益。

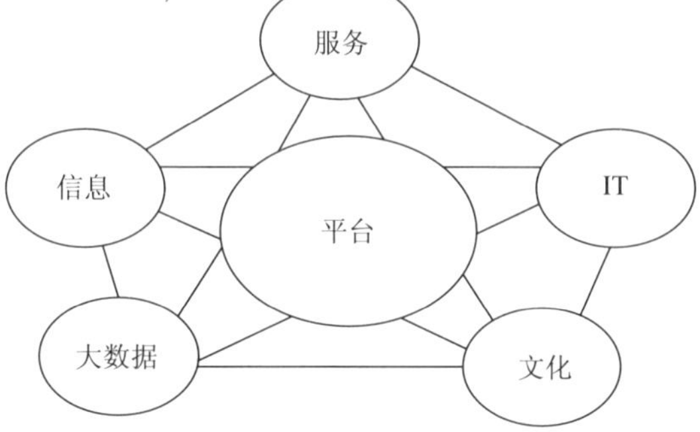

图 6-2　凯迪网络平台的单位元素

资料来源：笔者根据调研资料整理完成。

将信息、服务、IT、大数据及文化完美地整合在一起，并通过平台形成了良好的元素互动效应，互动效应下的产品和服务为凯迪的发展带来新的增长点。用户能持续获得优质的产品和服务，不仅依赖于好的平台和信息网络化理念，还离不开过硬的技术保驾护航。

四、四大技术保驾护航

处在互联网行业的凯迪网络，其产品和服务也面临着更新换代和安全问题。现有的以及未来的业务开展，在产品开发、信息挖掘及分析等方面对互联网技术有着更高要求。

若企业无法及时跟进互联网技术革新，将面临技术水平落后、产品服务缺乏亮点的困境，一定程度上会削弱企业的市场竞争力，对盈利水平造成不利影响。

就安全隐患问题而言，2011 年底就爆出一系列网站被黑客攻击、用户信息被盗的事件，给互联网行业安全问题敲了警钟。我国高速发展的互联网行业长期以来因盲目发展而忽视信息安全等基础问题，如果发生了类似网站被黑客攻击、用户信息被盗的事件，必定对公司在声誉、形象、信用、经济等各方面造成不可估量的损失。

俗话说“打铁还需自身硬”，凯迪在前进的道路上没有撇开外部因素和内部因素的关联性，在发展和创新的过程中坚持从自身出发，不断升级安全防御和大数据处理技术，提升数据挖掘技术，完成机器学习和人工智能以及数据关联计算和预测，铸就了凯迪的铜墙铁壁，为产品和服务保驾护航。

凯迪社区自面世以来，历经15年，从1.0时代的BBS站点到以技术和用户驱动的互联网大数据企业，无间断稳定运行超过12万小时。就拿“百姓家谱”来说，要同时保证超过30万客户在线流畅地进行浏览和讨论分享，是一个难度不小的技术问题。

企业克服困难，在原有的技术基础上通过不断更新升级安全防御、负均衡和大数据处理等技术，使得平台得以流畅运作。

文化项目“百姓家谱”就是在文本聚类功能、智能语义分析、网络爬虫和垃圾信息识别的技术下，对国内外各类热门的人物和事件进行实时分析追踪，为客户提供信息的全局情况及变化趋势。

不仅如此，凯迪还自主研发了情绪态度分析模型技术，通过这项技术分析言论的倾向维度，预测其未来趋势，为决策提供真实可靠的依据来源。同时，通过海量数据的实际运作处理，公司在大数据存储、分析运算及人工智能等领域积累了极为丰富的理论基础及技术研发力量。

15年积累的多种样本以及第三方开放平台的大数据样本，以神经网络模型为原型不间断进行机器学习。目前，企业基于技术形态在垃圾信息识别、语义态度识别、谣言识别、网络热点预判等方面建立了可应用模型，实现了人工智能的基础积累。

凯迪已经在大数据分析平台应用上取得了成效。对照国家各级政府职能部门的开放数据、企业及机构对外授权的业务数据、个人授权的个人数据，进行大量关联计算和对比分析研究。目前已经在全国CPI预测、财商指数、区域产业景气指数等方面积累了大量成功案例和丰富的数据处理经验。

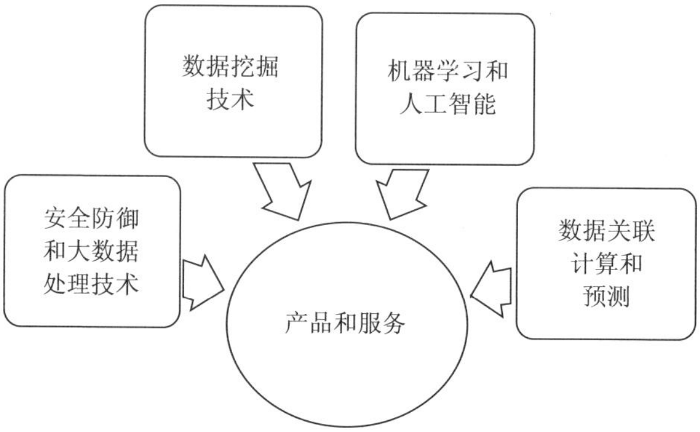

图 6-3 凯迪网络的技术支撑

资料来源：笔者根据调研资料整理完成。

五、不一样的“凯迪模式”

作为一家综合型的互联网信息服务运营商，凯迪立足于行业，将业务板块划分为论坛类网络社区运营和大数据分析咨询服务两类。凯迪是如何通过将信息转化为盈利，形成了免费增收的“凯迪模式”的呢？

免费增收模式中有大量的基础用户受益于没有任何附加条件的免费服务；只有一小部分会对增值服务有需求，这小部分付费用户群所支付的费用将用来补贴免费用户。当然，只有在额外服务免费用户的边际成本极低的时候，这种模式才有成功的可能。

凯迪具备了这些潜在的条件，在运作中依托于强大的平台和优质的客户群，将成本控制在有效范围内，形成了免费增收的“凯迪模式”，实现了价值创造。

基于互联网的商业模式，凯迪混合了免费的基础服务和收费的增值服务。拥有 1400 万优质客户群的凯迪，一方面通过免费信息服务吸引用户形成网站流量，并通过互联网广告业务实现盈利；另一方面通过向一部分用户提供数据服务并收取费用来实现盈利。

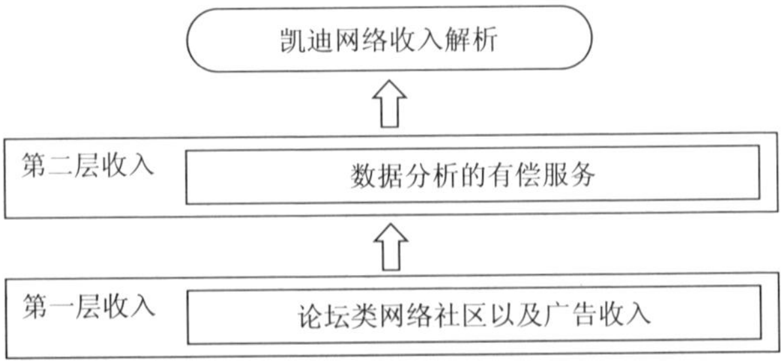

图 6-4　凯迪网络收入的模块化分析

资料来源：笔者根据调研资料整理完成。

近年来，凯迪的营业收入呈上升趋势，与行业整体趋势保持一致。2012 年、2013 年和 2014 年营业收入分别为 11959317 元、14200862 元、18432500 元，2013 年营业收入较 2012 年上升了 18.74%（见表 6-1），2014 年营业收入较 2013 年增长了 8%左右。

表 6-1　凯迪网络 2012—2014 年的净利润分析　　单位：元

项目	2014 年	2013 年	2012 年	2013 年较上年增加额	2013 年较上年增长率（%）
营业收入	18432500	14200862	11959317	2241545	18.74
营业成本	19679500	6819634	5809169	1010465	17.39
营业利润	-1247000	-2457326	-2101637	-355688	16.92
利润总额	741500	-1172115	-2106514	934398	-44.36
净利润	731500	-1172115	-2106514	934398	-44.36

资料来源：Wind 数据库。

表 6-2　凯迪网络 2012—2014 年各类收入情况　　单位：元

业务类别	2014 年 1—10 月		2013 年		2012 年	
	金额（元）	比例（%）	金额（元）	比例（%）	金额（元）	比例（%）
广告及宣传服务收入	10450604	67.58	9016352	63.49	8174722	68.35
数据服务收入	4992710	32.42	5184509	36.51	3784944	31.65
总收入	15398314	100	14200862	100	11959317	100

资料来源：Wind 数据库。

从 Wind 数据库中企业近年来财务报表中的收入结构来看，目前广告及宣传服务收入约占总收入的 2/3，数据服务收入约占总收入的 1/3（见表 6-2）。

（一）板块一：网络社区运营及盈利模式

信息网络化是凯迪服务的基础，信息产生是整个过程的开始。信息是有不确定性的，为了保障信息安全，来自庞大客户群中的网友在凯迪社区平台上发帖或跟帖时，由信息安全组对主帖及跟帖的内容进行审核。

平台对涉及违反国家相关的法律法规或者带有明显人身攻击的内容，以及系统不予通过审核的主帖采取删除处理，不予通过审核的跟帖采取屏蔽或删除处理，不予以公开发布。对于通过审核的优秀帖文，由评论组通过论坛置顶，或推送至网站首页的方式进行推荐或引导。

依托“凯迪社区”这一网上信息发布与交互平台，通过 15 年运营管理，聚集了千万注册网友并凝聚出品牌知名度，通过整合线下资源，进行线上线下有效互动，为客户提供包括互联网广告传播服务在内的形象宣传服务。

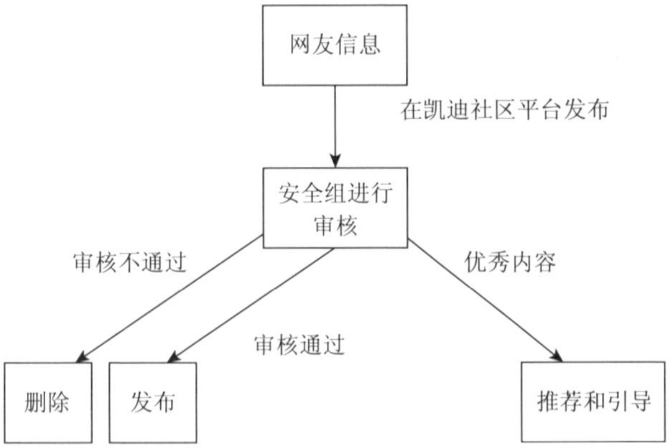

图 6-5　凯迪网络的信息形成机制

资料来源：笔者根据调研资料整理完成。

公司营销部门或网络广告代理商挖掘潜在客户，利用广告位置为众多的客户搭建形象和产品展示平台。企业的互联网广告业务线上一般针对具体广告位置按天固定计算广告费，或者按点击、展示和成交的效果计算需要的广告费；而线下活动则按具体的活动项目计算费用。

公司的广告及宣传服务收入主要包括展示类广告收入、活动宣传类服务收入、微博运营类服务收入以及效果类广告收入。

第一类：展示类广告收入。由于展示周期较长，存在跨期，公司于每个资产负债表日按照完工百分比法确认收入，完工进度则按照经客户确认的排期表（具体的广告发布月份数）占服务总月份数（合同约定）的比例确定。

第二类：活动宣传类服务收入。公司在合同约定服务期间为客户提供活动策划、执行及宣传服务；活动完成，得到客户确认后确认收入。

第三类：微博运营类服务收入。公司根据与客户签订的业务合同完成约定的业务服务后，确认收入。

第四类：效果类广告收入。其中有系统后台的客户每月核对客户系统后台监测的点击量统计数据与本公司系统后台监测的点击量统计数据后确认收入，无系统后台的客户每月按照双方确认的结算函确认收入。

表 6-3 凯迪网络的广告收入种类和计算方式

广告收入种类	收入计算方式
展示类	每个资产负债表日按照完工百分比确认
活动宣传类	合同约定服务期间内为客户提供活动策划、执行及宣传服务，活动完成后确认
微博运营类	根据与客户签订的业务合同完成约定的业务服务确认
效果类	客户有系统后台：每月核对后台监测的点击量统计数据与本公司系统后台监测的点击量统计数据确认 客户无系统后台：每月按照双方确认的结算函确认

资料来源：笔者根据调研资料整理完成。

根据表 6-2 提供的近三年的收入分析，广告及宣传服务收入占整体总收入比重较大，呈增长趋势。究其原因，是因为广告及宣传服务业务是以凯迪社区为主要载体，依靠近 15 年的社区运营管理而聚集千万中高端注册网友和品牌知名度，产生广告价值和传播价值，同时也是公司的传统业务来源，构成了企业收入的主要来源。

收入增长的主要原因是公司抓住了行业发展的机遇。同时，公司 1400 多万粘性较高的注册用户，为效果类广告收入的增长提供了保证；准确的客户定位使得公司成功开拓了与淘宝等机构的广告联盟合作，成为公司广告收入增长的潜在实力。

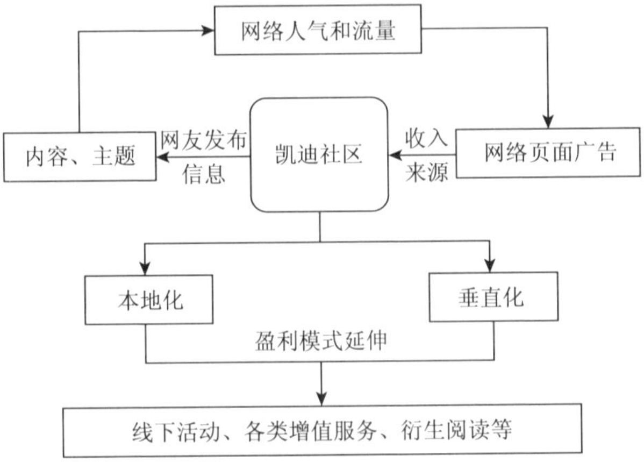

图 6-6 凯迪的网络社区和盈利方式

资料来源：笔者根据调研资料整理完成。

（二）板块二：数据服务管理及盈利模式

凯迪的数据服务管理和盈利模式与论坛类网络社区运营和盈利方式有着很大的差别。

在企业开发大数据应用平台时，重要客户群体如政府和品牌企业客户的数据分析服务是凯迪另一块主营业务。

面对有服务需要的客户或潜在客户，凯迪营销中心负责营销的客户经理和分析师会第一时间向客户推荐相关的数据信息服务，客户经理在接洽客户后确定与客户是否达成合作意向并满足客户的初步需求；客户经理进行云书初填，并将其上传到 OA 系统，由内部营销总监审批后批准试用；负责数据研究中心的负责人审批后分配给相关的分析师跟进，分析师和客户再进行接洽确定云书最终版；大数据平台系统完成相关的数据采集、分类、梳理、推送，形成预警、策略建议的服务，并针对客户最初的需求生成分析报告，最后由企业决定是否正式与客户合作（见图 6-7）。

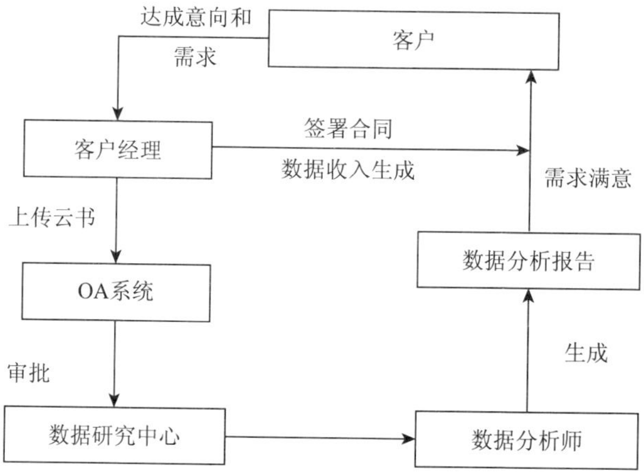

图 6-7 凯迪网络的数据服务形成机制

资料来源：笔者根据调研资料整理完成。

公司自主研发推出的大数据平台“猫眼云情报系统”（KCIS），采用“人脑结合电脑”的创新模式，一方面通过互联网为客户提供舆情监测分析的 SaaS 服务（Soft-as-a-Service），通过基于微博、微信平台的“问卷宝”为目标客户提供所需要的市场调查服务；另一方面借助内部专属数据分析师为客户提供舆情数据的人工判断、预警和应对建议以及调研数据的分析服务。这项业务产生的收入一般根据客户合同内规定的年度或课题项目收取费用以获取利润。

公司的数据服务收入主要包括舆情信息服务收入、舆情培训收入及咨询报告收入。第一类：舆情信息服务收入。公司提供舆情信息服务之后，直客类按照提交的相应成果（报告分析等资料）确认收入，代理类按照双方确认的结算函确认收入。第二类：舆情培训收入。公司已为客户提供舆情培训并在服务完结以及客户确认后确认收入。第三类：咨询报告收入。公司已为客户提供咨询服务，提交咨询报告并得到客户确认后确认收入（见表 6-4）。

表 6-4　凯迪网络的数据服务收入来源和计算方法

收入来源	收入计算方式
舆情信息服务	提供舆情信息服务之后，直客类按照提交的相应成果（报告分析等资料）来确定
舆情培训	为客户提供舆情培训，并在提供的服务完成后与客户确认
咨询报告	为客户提供咨询服务，提交咨询报告并得到客户确认

资料来源：笔者根据调研资料整理完成。

近年来凯迪开拓的数据服务是公司依靠自有知识产权的猫眼云情报系统进行数据采集，为目标客户提供舆情监测分析和服务。

根据表 6-2，数据服务收入存在着不稳定性。2013 年下半年，企业开始转型做大数据分析，依托国家历年发布的经济数据，按照客户要求建立分析模型并按年度收取服务费，项目存在一定的培育期，使得 2014 年 1—10 月数据服务收入增速较 2013 年减缓。但整体来看，凯迪的数据服务市场前景还是很可观的。

2013 年，由于“百姓家史”及大数据等业务扩充及转型的需要，公司加大了研发投入成本，导致相关的管理费用增加。为了提高凯迪社区知名度、推动舆情监测服务尽快转型为大数据分析，企业加大了品牌建设力度，使得稿费、会务费同比增加。

随着凯迪大数据分析咨询业务进一步发展，企业计划进一步延伸当前商业模式。具体的做法是：结合目前市场研究的方式，把消费者、客户、公众和营销者通过信息联系起来，为客户提供指数模型设计、消费者洞察、市场机会定义与识别、营销组合制定与优化等咨询服务。凯迪集 15 年网络社区之大成，以数据为本，政经兼融，提出了“政经数据”的核心战略定位。

六、凯迪的潜在问题

虽然凯迪有着完整的信息化网络，兼具强大的技术作为支撑，企业还拥有“百姓家谱”等一批极具潜力的产品作为利润的保证，但是作为互联网企业中的一员，仍旧面临着互联网项目投入成本巨大的难题，在投资时遇到投入期和回报周期较长的困境。

自2011年广东南方都市报业控股有限公司成为公司的第一大股东后，其对公司的资源进行了整合，正式开始商业化运营，并于2011年成立了海南凯迪网络资讯有限公司广州分公司。

公司当前主要依靠自有资金、项目预收账款、政府补助、股东出资开展业务，较少运用常规融资工具和财务杠杆手段，可能出现营运资金不足的情况，影响公司后续业务的开展和公司的持续运营。

值得庆幸的是，经过凯迪人的不断努力，依靠资本市场运作资本的能力得到加强。新三板的挂牌成功，有效解决了企业在发展过程中的融资难问题，同时也提高了公众对企业的关注度。企业将进一步以此为契机，制订股票发行方案，采取转让方式定向增发，将募集的更多专项资金投入新产品开发。

近年来，我国的地方网络发展势头较为迅猛，地方网络拥有独特本土化的优势，但同时也面临着诸多的挑战。随着新式媒体的崛起，如今较为火热的微信、微博均不同程度地吸收了地方网络论坛受众。

根据中国互联网信息中心发布的《第35次中国互联网络发展状况统计报告》显示，截至2014年12月，在中国的6.49亿网民中，即时通信使用率为90.6%，网络新闻使用率为80%，网络视频使用率达到 66.7%，微博使用率为 38.4%，网络论坛使用率仅为 19.9%。由此可看出，微信、微博等社交软件大大降低了网络论坛的使用率，网络论坛的关注度在下降，原有的受众也在流失，流量正在减少，凯迪也正遇到来自同行业新兴媒体和社交软件的冲击。来自外部的压力使凯迪人不断地突破和创新，寻找能够扩大市场份额的新增长点。

同时，就产品“百姓家谱”本身而言，企业亟须打开更多的家谱资源，包括图书馆和民间藏谱，为用户建立向上的寻根问祖和溯源功能，期望获得更多政府资源的注入和开放链接，包括与学术研究机构、图书馆藏谱的协调，互联网出版资质的许可等，来解决因为单纯的资源缺失而丢失的市场。

七、未来的凯迪

信息网络化给了凯迪立身之本，社区网络是凯迪唱戏的平台。如何应用好互联网技术，并抓住新的创意去创造好的产品，成了凯迪的生存之道。凯迪未来的路还很长……

案例结语

凯迪坚持“客观、公正、理性、宽容”的互联网文化宗旨，紧紧围绕“一个中心，五个环节”，即信息服务、信息产生、信息收集、信息提纯、信息分析和信息消费，形成信息网络化。依托社区平台和大数据服务创新平台，结合市场研究的模式，把客户、公众和营销者通过信息联系起来，为客户提供指数模型设计、消费者洞察、市场机会定义与识别、营销组合制定与优化等咨询服务，实现信息到创造利润价值的转换。

作为一家综合型的互联网信息服务运营商，凯迪立足于行业，创新商业模式，混合了免费的基础服务和收费的增值服务。一方面通过免费信息服务吸引用户形成网站流量，并通过互联网广告业务实现盈利，另一方面通过向一部分用户提供数据服务并收取费用的方式实现盈利。和其他互联网企业一样，凯迪也面临着技术更新换代、网络安全隐患和项目投入成本巨大等现实问题。未来，凯迪仍需不断创新商业模式和技术水平，提高资本运作能力，以实现企业的持续健康发展。

海南爱哪哪旅行网的平台商业模式

采编/撰写：李世杰　崔　甲等

案例摘要：本案例描述了爱哪哪旅行网的创业初衷及发展历程，尝试对爱哪哪的企业战略进行多角度分析，探索爱哪哪旅行网的商业模式创新逻辑，并试图结合其战略酝酿、实施过程及初步效果，探讨爱哪哪企业战略选择问题。而爱哪哪旅行网的这种完美利用自己旅游专业的优势，运用互联网推广“海南周边游”，为客户提供更专业化的信息服务、旅游内容及终端服务软件的战略究竟只是一种旅游与互联网的简单结合，还是一种商业模式上的创新，需要进行深入的思考和细致的分析。

案例关键词：爱哪哪旅行网；海南周边游；线上OTA；发展战略；商业模式

一、爱哪哪旅行网的昨天与今天

（一）爱哪哪的成立初衷

“在海南实践‘互联网+旅游’是幸运的。”这是爱哪哪网络科技有限公司总经理褚青林在接受采访时说的一句话。按照褚总的话理解，爱哪哪似乎走上了一条幸运的捷径，但是就像有句歌词唱的，“没有人能随随便便成功”，一个人如此，企业往往也是如此。企业在成立之初选择从事什么行业往往很大程度上决定了企业能走多远。那么，究竟陈笑和褚青林为什么选择海南、选择旅游作为目标行业进行创业？通过对二人职业经历及相识情形剖析可以找到一些比较有说服力的答案。

陈笑与褚青林相识于海南大学总裁班，两人之前各自从事不同的生意，其中陈笑有十多年的传媒经历，褚青林则从事旅游及户外拓展等行业。虽然两人的职业经历迥异，但是却有着共同的爱好——旅行。两人在传统生意被互联网冲击的背景下，经常会在一起就如何把互联网与传统生意结合展开讨论，经过多次交流以后都产生了转行的想法。“在海南特别值得做的一个产业就是旅游。”这是两人在经过讨论后达成的初步共识。首先，在海南做旅游行业有巨大的机会，尽管还存在着很多让人诟病的地方，但是只要年年有很多人到海南旅游，就说明个行业的前景还是光明的。其次，陈笑认为在这个时间点进入这个行业，肯定不能再以传统的方式去做，而要通过互联网的方式省掉一些中间环节，从而提高效率，用高效而有特色的服务去赢得市场。

究竟如何把互联网与旅游有效结合起来，同时又做到与携程、去哪儿、途牛不一样是非常困难的。从旅游内容的本质出发，无非包含“吃、住、行、游、购、娱”六大部分，那么要进入该行业无疑要在旅游内容上找到切入点。海南作为一个热门的旅游目的地，虽然每年游客数量巨大，但是游客分布很不均匀。多数游客来自省外，其中大部分是第一次到海南旅游，对海南了解甚少，他们往往一到海口就直接奔赴三亚或者干脆直接从外地坐飞机到三亚，因为他们认为到海南旅游就是到三亚旅游，便不由自主地忽略了海南其他具有特色的旅游地点和项目。

在分析了这些海南旅游行业的现状后，陈笑在澄迈的一次旅游会议上说：“第一次来海口的人，他没去过南山就一定会去南山，没去过天涯海角就一定去天涯海角，所以他们的第一站不会想到海南的其他地方。”然而海南不仅仅只有三亚，如何把海南周边其他有待开发的旅游资源加以开发并成功推广，在陈笑与褚青林看来就是一个好的切入点。虽然两人选定了切入点，但是从传统思维到互联网思维的跨越是最难的，如何利用互联网去实施自己的想法成为摆在他们面前的第一道难题。这个时候，两人各自的职业经验给了他们启发。陈笑有着长期从事传媒工作的经验，对于现代人的心理有着自己独到的见解；褚青林在从事旅游及户外拓展培训时，对于消费者的需求偏好也有着深入的调研。

从两人的职业经验出发，经过了多次的讨论之后，他们得出了这样一个结论：现代城市人的工作与生活压力太大，回归乡野、崇尚自然成为现代都市人的向往。两人抓准了这一需求点，推出乡村游平台+智能匹配定制，希望最终实现“用户在城市、商户在周边乡村”的目标，达到“农村包围城市”的效果。

陈笑与褚青林带着“农村包围城市”的旅游新思路与改变传统经营方式的初衷，于2013年9月在海南生态软件园注册成立爱哪哪旅行网，成为全国首家以乡村旅游为主的周边短途旅行预订平台。

（二）爱哪哪企业的发展历程及现状

陈笑经过长时间的旅游市场调研后认为，不能为了创新而创新，创新一定要结合海南旅游市场的实际情况。每年500亿元左右的旅游产值、每年4000万游客人数是海南旅游市场实际情况，这时候进入这个行业再从吸引游客数量上下功夫不太现实，因为海南的接待能力有限；那么剩下的就只有从现有的游客身上下功夫，虽然客流量上很难再继续挖掘，但挖掘现有客流的消费增量是很有可能的。

为了挖掘出新的旅游消费点，只有走深度体验路线，不能再依赖成熟景点的观光线路，开发深度体验产品的目的就是要让游客参与进来，最终做到让消费者感同身受。两人经过初步的市场调查得出，海南乡村旅游点超过400个，都是无门票非常规景点；虽然数目众多，但是在整体客流量上无法与传统景点相比。爱哪哪既然要做海南乡村游，那么首先要解决的就是如何把游客从传统景点吸引到乡村旅游点。陈笑与褚青林想到，既然主攻乡村游市场，那么目标客户群体必然对海南的自然风光、历史文化、人文特点都有一定的了解。经过分析之后，他们认为爱哪哪的潜在客户群体就是以本地常住人口和旅居短住人群为主的散客，以及以单位团队拓展、会议类的周边游为主的团队。

在确定了产品特色以及目标消费群体之后，接下来要做的就是设计自己的旅游产品并成功推广。最先成立的爱哪哪网络科技有限公司并没有自己的旅游产品，它只是将旅游产品向消费者进行推广的媒介。为了能够自主设计产品，陈笑与褚青林首先并购了海南最大的户外拓展培训机构——众恒培训有限公司，这家公司是褚青林之前创立的，并购这家公司的目的就是为了补充爱哪哪户外拓展业务上的短板；随后又成立了爱哪哪旅行社有限公司，以方便与海南旅游行业内的各商家进行合作，对旅游初级产品进行采购并从事旅游产品的设计；最后又与琼中县政府下属的旅游公司合资成立海南爱奔文旅投资有限公司，其初衷是基于他们这三年的探索和最初的户外运动基因，以及陈笑个人在北京的传媒领域和创业者社群的人脉，希望能把这些资源融合到海南特有的热带雨林文体赛事产品中，通过赛事让各行业内的精英来海南消费和体验，从而达到扩大爱哪哪品牌效应的目的。

陈笑与褚青林综合考虑爱哪哪的目标市场、目标客户群体以及产品定位后，进行了一系列有目的的资本运作与资源整合，现如今爱哪哪已经包含了四家公司（如图 7-1 所示），无论是产品的构建、质量把控环节，还是分销渠道都能由自己掌握。

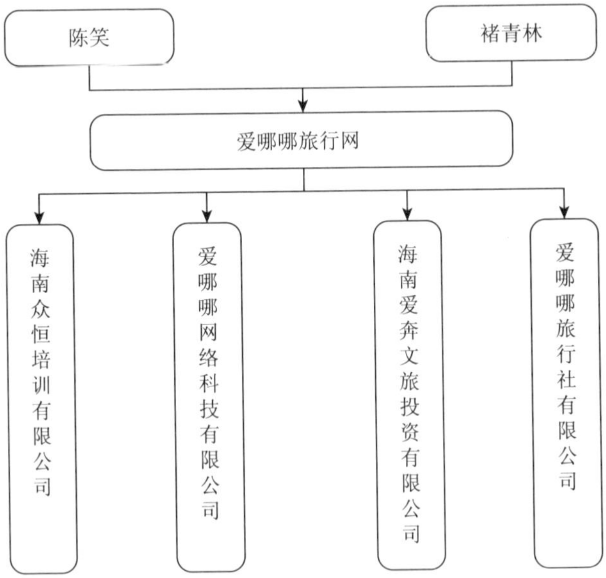

图 7-1 爱哪哪旅行的公司框架

在进入旅游行业时，周边游、乡村游这类在线旅游平台在全国没有强势品牌，这是爱哪哪的机会，也是海南旅游产品创新的突破口和海南在线旅游的一张名片。在经过将近四年的发展后，爱哪哪通过互联网提高乡村旅游目的地的信息化和电商化，连接城市与乡村。目前已覆盖海南所有市县的近 90%乡村旅游点和 40%的农家乐，成立了上千个商家；60%以上的商家经营着乡村游旅行社、户外俱乐部及兴趣社群，每周有近百条线路发布，为游客提供个性化解决方案，频次远远高于长途出行。爱哪哪积累了 6 万多在线用户和 3 万多社群用户以及覆盖全岛的俱乐部、农家乐、乡村旅游点、线路活动，加上通过吸收合并众恒拓展所形成的近 5000 家单位客户和团队定制辐射的近 8 万用户，目前已经在海南形成了相当的品牌影响力和平台效应。

二、爱哪哪企业外部分析

任何一个企业总是依托于某一类行业环境，该行业环境对企业的日常经营、规划发展有着直接的影响，是企业进行外部分析的关键和重点，直接影响企业的战略选择。爱哪哪也不例外，因此本案例采用波特五力模型对海南爱哪哪企业目前所处的行业环境进行分析研究，帮助其抓住发展机遇，找准竞争优势，为爱哪哪制定切实可行的中长期发展战略提供相关参考依据，从而帮助该企业持续实现高速发展。

按照五力模型理论，行业中存在着决定竞争规模和程度的五种力量，这五种力量综合起来影响着产业的吸引力以及现有企业的竞争战略决策。这五种力量分别为同行业内现有竞争者的竞争能力、潜在进入者的竞争能力、替代产品的替代能力、供应商的讨价还价能力、购买者的讨价还价能力，如图 7-2 所示。

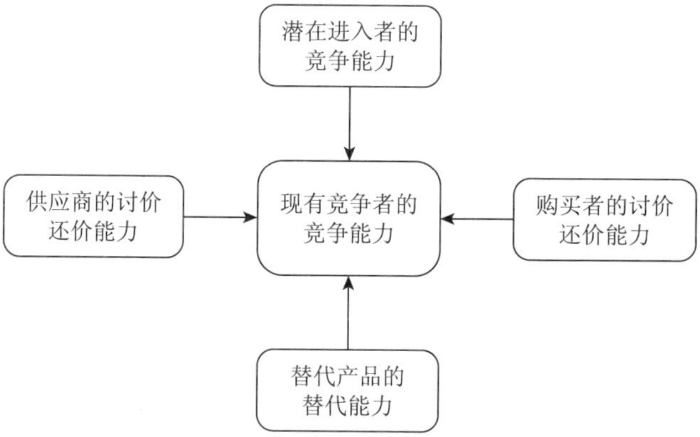

图 7-2　基于五力模型的战略分析

（一）现有竞争者的竞争能力

海南互联网乡村游产业是一个新兴的旅游产业，目前从事该产业的企业并不多见。表7-1显示的是目前从事乡村旅游的网络平台，从该表中我们可以看出，为数不多的几家从事乡村游的互联网企业在业务范围及主要业务上都与爱哪哪没有明显的冲突。村游网的业务范围并不涵盖海南；农家乐的业务范围重点不在海南，且其主要业务是为小众景点旅游爱好者提供服务；去农庄的业务范围重点同样不在海南，且其主要业务特色是将农庄与饮食结合起来。

表7-1　主要互联网乡村游企业

互联网乡村游企业	业务范围	主要业务
爱哪哪	海南	海南特色乡村游
村游网	陕西、福建、江西、湖北、湖南、贵州、云南、北京、重庆	乡村游
农家乐	全国	传统小众景点
去农庄	全国	农庄饮食

而传统互联网旅行电商巨头如携程、阿里、去哪儿等的业务重点在于国内外传统旅游路线的开发与维护、旅游景点门票及酒店的分销，对海南乡村旅游产业并没有太多关注。因此，爱哪哪企业作为中国第一家专注于乡村旅游的周边短途旅行社群型电商平台，凭借着其独到的创业理念、忠实的用户群、海南本土强大的号召力以及完善的乡村游服务体系独秀于海南乡村游行业。目前，爱哪哪业务范围已覆盖海南所有市县近90%的乡村旅游点和40%的农家乐，上千个商家；60%以上的商家的业务范围涵盖乡村游的旅行社、户外俱乐部及兴趣社群。

（二）潜在进入者的竞争能力

对于潜在的进入者来说，爱哪哪有着自己的产品差异优势。一方面，作为海南最大的乡村旅游平台，爱哪哪通过其优质的产品质量已经形成了相当大的品牌影响力；另一方面，在乡村游电商平台出现之前，乡村旅游的爱好者主要聚集于乡村游论坛、QQ 群等社群中，社群中的领导者（版主、群主、高等级用户）具有很强的乡村游路线开发能力以及号召力。爱哪哪从创建之初就重点发展了这批社群用户，目前已经激活海南全部的 200 多个乡村旅游社群。这些社群的领导者在爱哪哪的平台上可以通过组织策划旅游活动或推广相关活动来获得可观的利益收入。同时，爱哪哪开发了多项实用功能，方便为社群的领导者提供活动的全过程管理，爱哪哪则可以实现用户捆绑，这种社群效应带来了很高的客户粘性。由于产品差异带来的进入障碍，使新进入者很难复制或仿造。

2016 年全国旅游工作会议上，全域旅游受到了广泛的关注与热议。在此背景下，乡村游也引起了资本市场的注意，虽然在巨额风险投资的追加下，可能会出现突破进入壁垒而迅速崛起的乡村游电商平台与爱哪哪进行竞争，但是爱哪哪同样也可以抓住这次机遇吸引投资发展自己。

（三）替代产品的替代能力

海南传统旅游作为海南乡村游的替代产品在产品体验、产品价格以及转换成本方面有着天然的劣势。

在产品体验方面，海南乡村游是以村庄野外为空间，以人文、生态、游居为特色的旅游形式。与海南传统自然风光旅游相比，更注重自然环境与人文环境的完美结合，且海南传统旅游景点单一，重复性消费不强。海南乡村旅游在自然环境、人文等方面具有多样性，这种多样性带来很强的消费重复性。

在产品价格方面，海南乡村旅游产品价位普遍在200/人左右，而海南传统旅游产品的消费价格远远高于海南乡村游。

在转换成本方面，海南乡村旅游产品的体验时间一般为1~2天，而海南传统旅游产品的体验时间一般为4~7天，其时间成本较高。

从以上三个方面可以看出，海南传统旅游对海南乡村游的替代能力并不强。

（四）供应商的讨价还价能力

当前爱哪哪企业供应商的讨价还价能力并不强，主要原因包括以下两个方面：

一方面，爱哪哪企业的定位是海南乡村旅游，目前海南除了三亚这几个传统旅游景点外，其他乡村旅游景点都迫切需要吸引游客的入住，因为这些地方都不在主流的旅游线路上，传统的旅行社都做不到把游客带到这些市县去，只有爱哪哪组织的周边游或者深度游才能把游客吸引过去，很多时候都是乡村旅游景点主动找到爱哪哪来协商景点规划。它们现在的主要目的并不是盈利，而是为了吸引游客，推广景点知名度。因此，作为受到市场激烈竞争困扰的景点供应商，对其重要的客户——爱哪哪并不具备讨价还价的能力。

另一方面，网络的发展使爱哪哪可以通过搜索引擎等网络技术很便捷、及时地得知其供应商给不同买方的价格；不仅可以由此推测出商品的成本水平，并且可以应对供应商的价格歧视，打破商品价格信息的不对称性，也在一定程度上降低了供应商的讨价还价能力。

（五）购买者的讨价还价能力

随着消费者经济收入水平的提高，海南乡村游已经成为一个强需求、高频度的产业。消费者虽然可以通过搜索引擎、网站或者论坛充分掌握市场信息，充分了解不同商家对同一产品或者相似产品的不同报价，具有议价主动性。但是，在海南特色乡村旅游行业中，提供产品的商家并不多见，且规模均小于爱哪哪，因此该行业具有寡头市场的特征，爱哪哪对产品的价格具有相当的控制力。虽然游客可以选择“用脚投票”，但是迫于强烈的需求，只要价位没有高出心理预期太多，还是会选择购买相应的乡村旅游产品。

此外，在海南特色乡村旅游行业中，市场上购买者的总数很多，而每个购买者的购买量很小，只占了爱哪哪销售量的很小比例。可见，购买者的议价能力不是很强。

基于五力模型的逐层解析可知，爱哪哪面临的五种竞争力中，现有竞争者的竞争力、替代产品的替代能力、供应商的讨价还价能力、购买者的讨价还价能力带来的威胁都很小，潜在的进入者可能带来一定的威胁，在爱哪哪发展战略制定的过程中须考虑潜在竞争者的情况。

三、爱哪哪企业内部分析

核心能力指的是在企业中处于核心地位并使企业处于竞争优势的能力，它为企业提供稳定的根系，是企业持续具有某种竞争优势的源头。为了阐述爱哪哪的核心能力，需要先分析爱哪哪的核心产品。目前，爱哪哪的核心产品有两种，一种是海南热带雨林文体赛事，另一种是海南乡村旅游“互联网+”产品。

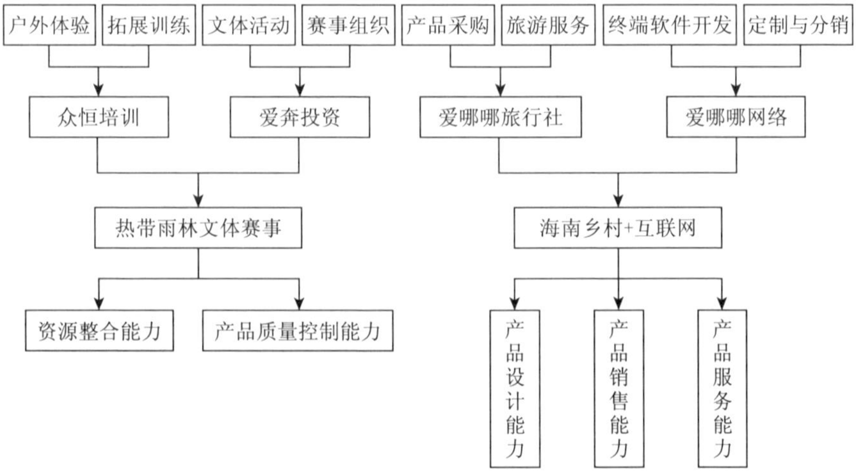

图 7-3 爱哪哪企业核心产品与能力

海南热带雨林文体赛事是由爱哪哪旗下众恒培训有限公司与爱奔文旅投资有限公司联合推出的核心产品，由爱奔文旅投资有限公司进行赛事的筹备、组织及后续服务，众恒培训有限公司对参加客户进行拓展培训。“沙漠之行”“草地长征路”等挑战自我极限的活动已经流行数年，热度已然衰退。爱哪哪抓住机遇，推出热带雨林文体赛事，重新激发了这些极限活动爱好者的兴趣。热带雨林文体赛事体现了爱哪哪的两种核心能力，即资源整合能力与产品质量控制能力。

资源整合能力是爱哪哪把企业的外部资源与内部资源有效结合起来的能力。外部资源即海南独有的热带雨林资源，海南是我国唯一的热带海岛，森林覆盖率达到了61.9%，拥有亚洲至今保存最为完整的热带雨林，热带雨林风光如仙境般醉人，具有资源独特性。内部资源即两位创始人自身从业经历带来的人脉资源：陈笑有十多年的传媒经历，在传媒领域早就是一位不折不扣的大咖了，他是中国最具影响力的创业者社群——黑马会的一员，也是黑马海口分会的发起成立者，组织了诸多创业者活动，影响力空前，推动海南创业创新高速成长的同时积累了大量的人脉资源；褚青林是一位非常具有影响力的户外活动组织者，他为爱哪哪带来了由他一手创办的众恒培训有限公司。可以说，二人合作是“双剑合璧”。通过对企业内外部资源的整合，爱哪哪推出了一系列以热带雨林为主题的文体赛事，邀请了众多行业中的精英参与，这不仅体现出了爱哪哪的资源整合能力，而且也体现了产品质量控制能力，因为该产品的策划、组织以及后备都是爱哪哪一手主导的。

海南互联网乡村游是由爱哪哪企业旗下爱哪哪旅行社与爱哪哪网络科技有限公司联合推出的核心产品。由爱哪哪旅行社提供产品采购与旅游服务，爱哪哪网络科技有限公司进行终端软件开发与定制分销。该核心产品的特点在于，爱哪哪企业并不是唯一的产品设计者，乡村游社群中的领导者同样参与其中。这些社群领导者通过爱哪哪网络平台将自己设计的旅游产品发布出去，为了获得可观的收入，他们会积极地通过自己的号召力在其影响领域进行产品推广。因此，该核心产品首先具有了产品设计能力与产品销售能力两种核心能力。此外，爱哪哪针对海南乡村游设计了众多的辅助工具，如头车 GPS、手机对讲机等来改进自己产品的体验，出色的产品服务能力也是其核心能力之一。

可以看出，无论是热带雨林文体赛事的资源整合能力和产品质量控制能力，还是互联网乡村游的产品设计能力、产品销售能力以及产品服务能力，目的都是为了满足消费者的需要，让他们具有良好的消费体验，最终增加消费者粘性。

四、爱哪哪的运营模式

由对爱哪哪的外部分析可知，目前爱哪哪存在的潜在威胁是随着互联网乡村游成为热点，大量资本进入所带来的新进入者的竞争。在互联网乡村游行业中，谁吸引的消费者多，谁的消费者粘性更强，谁在行业中就具有关键的竞争优势。通过爱哪哪的企业内部分析，其核心能力的最终目的都是为了增加消费者粘性，争取更多的消费者。有一个好的商业模式，成功就有了一半的保证。商业模式说白了就是怎样去赚钱，一个企业的创新往往就体现在赚钱方式上，爱哪哪的商业模式创新就在于其对消费者粘性的变现，如图 7-4 所示。

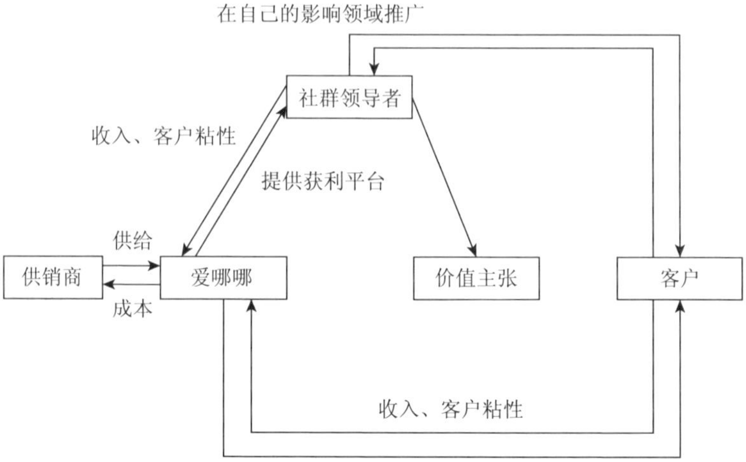

图 7-4　爱哪哪企业商业模式

图 7-4 是对爱哪哪企业商业模式的提炼，阐述了爱哪哪企业如何通过消费者粘性实现收益。价值主张即为满足消费者需求提供的

产品与服务。价值主张的提供者之一是爱哪哪，它通过自主设计、销售旅游产品（热带雨林文体赛事、海南特色乡村旅游等）获得收入。每一个旅游产品销售完成后，爱哪哪都会将该旅游产品的消费者组成微信群，这些消费相同旅游产品的消费者具有共同的消费偏好。根据这些爱哪哪自建的消费者偏好群，可以将相匹配的活动发布其中，这种准确主动的旅游产品信息推送大大增加了相关消费者的消费积极性。同时由于旅游产品具有社群效应特性，偏好群中的消费者往往会呼朋唤友一起参加，从而形成良性循环，即自建的消费者偏好群加强了客户粘性，获得了收入，客户粘性又使消费者偏好群日益扩大。

价值主张的另一个提供者是社群领导者，在互联网乡村旅游行业出现之前，这些社群领导者在其所属的社群中具有很强的号召力，他们既是乡村旅游的爱好者，也是乡村旅游产品的规划者和组织者。作为乡村旅游的资深爱好者，他们对乡村旅游有着出众的理解，可以更精确地把握乡村旅游爱好者的心理需求，从而设计出质量出众的乡村旅游产品。爱哪哪对他们的号召力以及乡村游产品的设计能力非常看重，在企业创立之初就将他们吸引到爱哪哪企业产品设计体系中。这些社群领导者通过爱哪哪网络平台，发布自己设计的乡村旅游产品，并在自己具有影响力的社群中进行推广，与爱哪哪实现共同盈利的双赢局面。一个职业社群领导者一次成功的旅游产品设计可以获得2000元左右的收益，可观的收益牢牢捆绑住了社群领导者并促使其设计更多更好的旅游产品，这些更多更好的旅游产品又增强了其在社群中的影响力，最终间接增强了爱哪哪对消费者的粘性，实现了良性循环。此外，为了加强对这种间接消费者粘性的把控力，爱哪哪开发了众多功能，方便社群领导者对旅游产品消费过程进行管理，进一步增强社群领导者对爱哪哪的依赖性。

消费者粘性的良性循环在爱哪哪企业产品的推广中也得到了充分的利用，爱哪哪会经常在网络平台上推出一些产品抢购活动，消费者体验后感觉不错就可以向自己周边的人进行推广，成功推广后可以获得相应的收益，收益增强了消费者的粘性，消费者的粘性又促使更多的人加入到爱哪哪的推广活动中来，实现消费者粘性在产品营销中的良性循环。

通过对消费者粘性的变现，爱哪哪的收入由两部分组成，一部分是企业自己因消费者粘性的良性循环获得的收益，另一部分是与社群领导者共同因消费者粘性的良性循环获得的收益。爱哪哪的企业成本主要包括对上游供销商的供给成本、维护客户粘性的管理成本以及企业自身的运作成本。这种将消费者粘性变现的商业模式是爱哪哪在探索中总结出来的，已经形成了比较稳定的收入模式。爱哪哪自成立伊始，营业收入迅速上升，从 2014 年的 723300.97 元增长至 2016 年 6118574.59 元，增长了 8.5 倍，如图 7-5 所示。营业成本呈现相似的增长态势。值得注意的是，维护客户粘性所需的管理费用一直维持在 300 万元左右，波动并不显著。经营所产生的现金流量增速，远远大于筹资所产生的现金流量增速。销售收入与期末现金结余均同比增长 9 倍。同时，外部投资注入是上期金额的 3 倍多，且预收账款的增加也说明公司不仅正获得市场的逐步认可，而且其内在价值正在被投资者所看好。因此，我们可以预测，随着爱哪哪企业业务规模的进一步扩大以及管理技术的提升，其独特的商业模式会带来丰厚的利润回报。

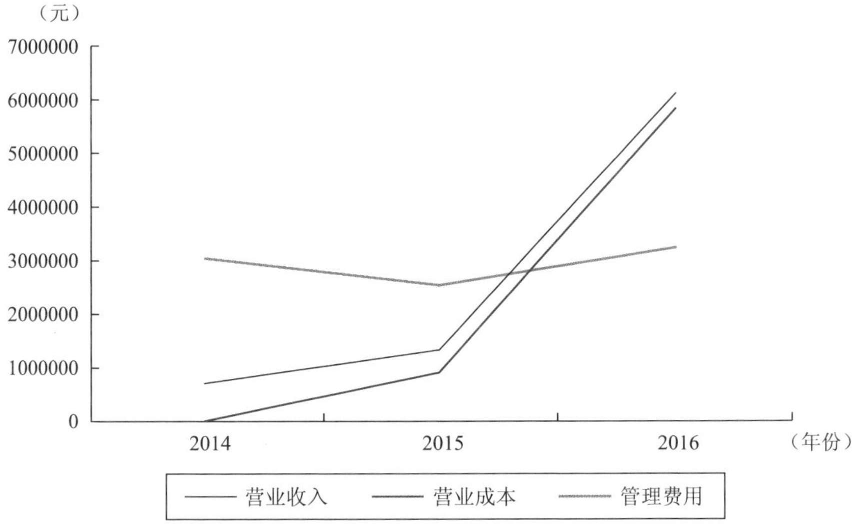

图 7-5　爱哪哪企业历年营业收入、营业成本及管理费用变动情况

五、爱哪哪企业的战略选择

通过上文中对爱哪哪企业的内外部和商业模式的分析，目前最适合爱哪哪的是实行水平增长战略的同时增加目标客户的消费粘性。水平增长对应的是将企业的产品扩大到其他地域以及目前市场所提供产品和服务的范围，增加目标客户的消费粘性是按照目标客户的消费偏好和地理区位进行客户细分，以及进行有针对性的营销。在互联网乡村旅游行业这个新兴的行业中，爱哪哪应当通过以下几个方面来实现其战略目标：

（一）不断细分市场

虽然同属于乡村游爱好者，但客户需求具有差异性并且不断变化。客户的需求、欲望及购买行为呈现差异化，为了应对这种差异就应该提供更加有针对性的产品。在乡村游市场上存在着多个不同偏好的消费者群体，如徒步、自行车、自驾游、农场采摘等，在制作针对性产品的时候要充分考虑这些活动参与者的不同消费习惯，比如为徒步及自行车爱好者设计旅游产品的时候首先要考虑旅游线路是否适合大部分参与者的体力，而自驾游爱好者更加关注的是沿途的景色。

除了根据客户的消费偏好细分市场，还要根据地理区位进行区分。爱哪哪将来的发展不可避免地会扩展到海南以外的市场，距离海南较近的云南、广西、广东和福建在自然人文景观上都有着很大的差异，开拓海南以外的市场一方面可以将省外潜在消费群体引流到海南来，另一方面也可以为海南的消费群体提供更多的选择。

爱哪哪作为互联网乡村游行业中的先驱者，可以同时开发多个产品交易板块，无论是针对消费者的需求偏好还是地理偏好，都是为了更好地满足消费者的需求，增加消费者粘性，最终实现企业的水平增长战略。

（二）锁定目标市场的精准营销

如今与其说是互联网时代不如说是大数据时代，每天通过互联网这个媒介产生众多人与人的互动、人与平台的互动、平台与平台的互动，随时随地都会产生海量数据。这些数据汇聚在一起，就能够获取到人们当下的情绪、行为、关注点和兴趣点等一系列有价值的信息，因此如何利用互联网产生的大量有价值的数据进行更具针对性的营销是未来互联网企业主要营销策略。爱哪哪作为一个卖旅游产品的互联网企业，在未来的营销上就更加不能忽略大数据的作用。虽然它于2015年入驻腾讯海南创业基地，成为腾讯这个大互联网平台的合作伙伴，但是这还远远不够，要想利用大数据做有针对性的营销就要谋求与去哪儿、携程以及途牛等专业线上旅游OTA进行深度合作，覆盖更多的供应链资源，同时通过与各大平台的数据共享，更清楚地了解消费者的需求偏好，进而根据不同的市场细分进行有针对性的营销，抢占更多的市场份额。

（三）增加客户粘性策略

会员制度还可以为企业带来稳定的收入来源、产品改进意见，爱哪哪在现有奖励措施的基础上可以建立一套自己的积分体系和积分商城，与上游供应商开展战略性合作，定期派送优惠券、交易奖励、互动奖励、商户折扣等，会员通过参加活动和消费获得积分，达到相应积分后可以兑换相应的产品和服务，这样，爱哪哪的会员在不断消费和使用积分兑换体系的同时，爱哪哪的企业知名度和客户粘性也在潜移默化中得到很大的提升，这种方式也可以最大限度地降低爱哪哪的运营成本。此外，还可以针对会员用户制定更加方便快捷的预订流程，例如提供快捷高效的信息检索引擎、信息比对工具和支付流程等。

（四）拓宽融资渠道

爱哪哪对市场进行产品差异化以及营销差异化细分都需要大量资金的支持，目前吸引的投资主要以信任爱哪哪的朋友和亲戚为主，还没有进行外部风投。随着社会中对互联网乡村旅游产业的关注，大量资本将进入到这个新兴行业中，现在的精准扶贫又是发展乡村旅游以及休闲农业新的助推力，爱哪哪应当抓住机遇，争取到更多的融资机会。爱哪哪可以从以下两个方面着手：

在爱哪哪企业内部，将经营活动中形成的留存收益用来满足爱哪哪企业发展需求，虽然会导致爱哪哪股东当前的股利流失，但是股东会获得更加长期稳定的利益收入。

在爱哪哪企业外部，可以寻找合适的风投机构，利用风投快速扩张业务领域和目标市场，争取更多的融资，借助资本的力量，成为全国最好的乡村周边游平台。互联网乡村旅游作为新兴产业备受关注，爱哪哪作为第一家互联网乡村旅游平台，在互联网乡村游产业中有着巨大的品牌影响力，同时爱哪哪已经利用自己创新的商业模式实现盈利，这些都是爱哪哪吸引投资的优势。

案例结语

发展到今天，爱哪哪已经从探索期和市场启动期进入到高速发展期，企业的战略也需要配合企业的发展需要做出一些调整。当今企业的规模再大，都不可能完全占有所有的资源，不可能向市场上提供所有的产品，满足市场上所有的消费需求。因此，爱哪哪首先要抓好市场这一环节，进行市场需求分析和市场细分，依托大数据开展营销活动，集中资源有效地服务市场，力争取得最大的竞争优势；其次需要针对使用者建立完善的用户系统，培养用户使用惯性，适时针对长期使用的客户群体推出有吸引力的优惠活动，来吸引客户长期使用爱哪哪 App 出行，为企业带来长期稳定的收益。

临高海丰养殖公司的发展战略选择

采编/撰写：罗晋京　谢孟青　黄　海　李小樱

案例摘要：临高海丰养殖发展有限公司是海南省乃至国内海水深水网箱养殖的龙头企业。本案例描述海丰公司成立以来，凭借创业精神、海域稀缺资源、产品和人才等内外部优势，逐步发展、壮大成为行业主导企业过程中的关键战略选择和企业独特发展道路。

案例关键词：临高海丰公司；深海网箱养殖；发展历程；战略选择；风险控制

一、引言

中国 18000 多公里的海岸线，有辽阔的大陆架和滩涂，有 20 万平方公里的淡水水域，1000 多种经济价值较高的水产动植物，有良好发展渔业的自然条件和广阔前景。海南省的大陆海岸线 1618 公里，岛屿海岸线 309.8 公里，全省海岸线总长 1927 公里。海南管辖的海域面积为 200 万平方公里，约占我国管辖海域总面积的 2/3，具有发展渔业的绝对面积优势。

临高县位于海南省西北部，东邻澄迈，西面与儋州市接壤，北濒琼州海峡。陆地面积 1317 平方公里，人口 46.74 万，管辖 10 个镇、154 个村委会、17 个居委会、733 个自然村。海岸线长 114.7 公里，拥有 11 处渔港，有金牌、新盈、调楼、黄龙等天然优良港口，盛产马鲛鱼、墨鱼、对虾、螃蟹等 600 多种海产品。海域面积 3779 平方公里，浅海滩涂面积 5333 公顷，发展海水养殖条件优越，海洋捕捞业发达，是全省重要的渔业生产县。

根据《海南省海洋功能区划（2011—2020 年）》，临高全县划定 5 个海水养殖功能区：新盈—头咀滩涂养殖区、调楼—临高角沿海养殖区、后水湾—邻昌礁浅海养殖区、马袅湾养殖区和博铺港滩涂养殖区。这些丰富的海洋空间资源为临高发展海洋渔业奠定了良好的基础。临高县水产品资源丰富，种类达600余种，沿海底播有牡蛎、翡翠贻贝、泥蚶、文蛤、扇贝、芭菲蛤、鲍鱼、竹蛏、珍珠贝（白蝶贝、黑蝶贝）等底栖贝类，还有马鲛鱼、金鲳鱼、红三鱼、石斑鱼、带子鱼、笛鲷、军曹鱼、尖吻鲈、美国红鱼等海水养殖品种。2015年全县海水养殖44770吨，同比增长16.2%，产值120879万元，同比增长11.3%；同时淡水养殖10000吨，同比增长11.3%，产值9000万元，同比增长9.8%。尤其是临高县深水网箱养殖，继续保持3042口规模，稳居亚洲最大深水抗风浪网箱养殖基地地位，荣获全国现代农业生产发展示范基地称号。

临高县有75万亩海域适宜设置深水抗风浪网箱和升降式网箱，深海网箱海水养殖成为临高县海水养殖的主导产业和优势产业。目前临高县作为亚洲最大深水抗风浪网箱养殖基地、全国现代农业生产发展示范基地，具有3042口深水网箱，其中60米周长网箱150口，80米周长网箱149口，120米周长网箱4口。在深水网箱养殖投苗近9000万尾，年产量为2.9万吨，年产值近8亿元，养殖的水产品远销欧、美、日等国家和地区，真正成为临高渔民的“海上银行”。临高海丰养殖发展有限公司（以下简称海丰公司）是临高县乃至国内海水深水网箱养殖的龙头企业。

二、公司基本情况

（一）临高海丰养殖发展有限公司

海丰公司于2002年9月3日经海南省临高县工商行政管理局登记注册成立。公司住所地为临高县新盈镇头咀村，注册资本为人民币1000万元，法定代表人为黄海；公司经营范围包括淡水养殖，海产品、渔需品、农副产品收购，船舶租赁，制作网箱框架及网衣，并提供安装、加工、销售（一般经营项目自主经营，许可经营项目凭相关许可证或者批准文件经营）。

（二）关联企业

海丰公司全资子公司海南海茂行实业有限公司于2014年8月11日经海南省海口市工商行政管理局登记注册成立，住所地为海南省海口市，注册资本为200万元，法定代表人为黄海；公司经营范围包括海水及淡水养殖，水产品冷藏、加工、捕捞；水产饲料的加工、销售，渔业服务业；垂钓服务；水产种苗的引进、选种、育种、养殖及销售；船舶租赁；制作及安装网箱框架、网衣、固定系统；初级农产品、渔需品、渔业机械的销售及进出口业务。海丰公司及其关联企业股权结构如图8-1所示。

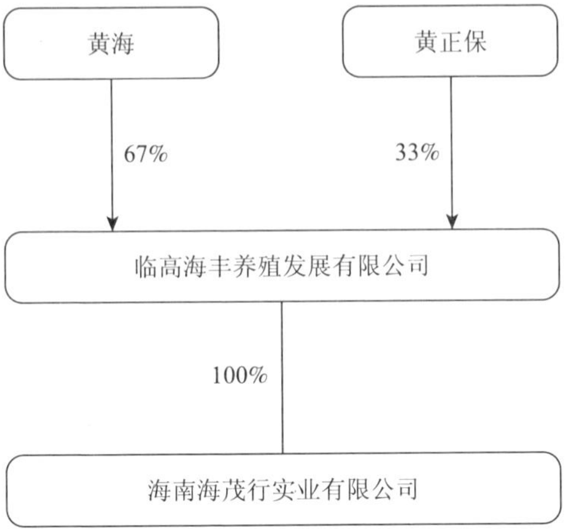

图8-1 海丰公司股权结构框架

（三）创始人的创业经历和公司的发展历程

海丰公司的发展历程与其创始人的创业过程密切相关。海丰公司的创始人黄达灵是海南省临高县新盈镇头咀村人，出生在一个父母一直靠打鱼为生的贫困家庭，13 岁的黄达灵跟着父亲出海打鱼 6 年。直到 1975 年参军，1978 年自部队退伍返乡。

1982 年，黄达灵单枪匹马先后来到白沙、陵水和三亚等地做木材加工生意；1993 年，做了 6 年木材生意的黄达灵已经赚取了百万元资金。因海南全面停止天然林采伐，他当即决定从木材生意转向水产市场。黄达灵花了 50 多万元买了两部货车，从海南收购水产品到广州去卖，精干的他做水产生意每年都能赚 100 多万元，为他的创业之路打下了雄厚的资金基础。

1996 年，黄达灵开始回乡办养殖，但也经历了诸多波折：1996 年开始养军曹鱼，因为一次洪水，10 多万条鱼 7 天内死光，亏了 280 多万元。

1998 年，临高县海洋与渔业局开始引进挪威的深海网箱养殖技术。这时，黄达灵萌生了深水网箱养殖的念头，向县海洋与渔业局租赁 8 口挪威旧网箱，每年租金 5 万元。黄达灵到山东、福建、浙江、珠海去考察，了解了海域、环境、水质的优势资源对深水网箱养殖的重要性。然而，这个想法没有得到家人的认同。

2002 年，黄达灵接收了县海洋与渔业局的 8 口挪威旧网箱，投入 61 万元进行改造整修后，又投入 44 万元新制作安装 4 口网箱，共 3 组 12 口抗风浪网箱投入新盈镇后水湾养殖。建基础设施、买饲料已经是一笔很大的开销，在没钱买饲料的情况下，黄达灵甚至想出了花 20 多万元买一台机器自己做饲料的想法。

此后，临高信用联社一笔 75 万元的贷款解了黄达灵的燃眉之急，本来一年后才还的贷款，两个月后黄达灵就都还上了。同时第一年试验很成功，纯利润达 175 万元。第二年，经过精心管理，科学养殖，黄达灵的深水网箱养殖又获得成功，赚了 470 多万元。

2004 年，黄达灵投入 300 万元与海南中油养殖公司合作，将养殖规模扩大到 13 组 52 口，2005 年增加到 300 口，但由于当时黄达灵所占股份比较小、没有发言权，而合作公司管理不当，两年之后合作双方终于分道扬镳，公司共亏损了 2000 多万元。但是黄达灵仍没有放弃他的深水网箱养殖梦想，他发动工人筹集了 200 多万元资金，自己又到处借钱，养起了 100 口网箱。

2006 年，中油退出后，黄达灵带领 100 多名员工迎来了“开门红”，盈利 900 多万元。随后的四年里，黄达灵和他的工人都尝到了深水网箱养殖的甜头。

2011 年 9 月 29 日，强台风“纳沙”正面登陆临高，新盈镇海边一片狼藉，数以百计的网箱被撕毁，380 多万尾金鲳鱼被打到岸边，全部死亡。那一次全部网箱毁于一旦，损失了 7900 多万元，而就是这次台风，让黄达灵下定决心，一定要与台风较劲，研究出自己的一套深海网箱养殖固定系统。之后，他带领一班人，承接了国家“863”计划“深水抗风浪网箱研制”及省市多项研究课题，获得了国家海洋局颁发的海洋科学技术二等奖，海南省人民政府颁发的科学技术一等奖。

有了先进的技术，黄达灵又借贷 800 多万元，安抚员工，并和员工们一起想办法恢复生产，进行自救，连续奋战 28 天，将生产设施全部恢复。

黄达灵从创办之初的 3 组 12 口网箱开始发展。目前，其经营的临高海丰养殖公司已经拥有55组220口网箱，年产金鲳鱼可达1800吨，远销美国、日本等国，并以“后水湾”为名建立起了自己的金鲳鱼品牌，成为亚洲“金鲳王”。

2002年，海丰公司被省政府授予“海南省农产品运销贡献奖”；2003年，被临高县委县政府授予“海洋与渔业工作贡献奖”；2006年，海南省委宣传部、省农业厅、省发改委和省海洋渔业厅等10个厅级单位联合授予黄达灵“农村致富带头人”的荣誉称号；2008年，海丰公司被评为海南省农业产业化重点龙头企业；2009年，海南省发改委、省工信厅和省民营企业家协会授予海丰公司“海南省优秀民营企业”称号；2010年12月，海南省公益事业组委会授予海丰公司“海南省公益事业突出贡献奖”；2011年至2014年12月，海南省水产流通与加工协会授予海丰公司“海南省优质水产品出口原料基地”称号；等等。

（四）海丰公司的使命和发展目标

1. 使命

（1）以人为本，以职工利益为导向

2011年9月29日，强台风“纳沙”对海丰公司造成了毁灭性的破坏，200多口网箱全部被打上岸，所有的鱼都跑光或死亡，公司损失达7900多万元，6年以来的成果毁于一旦。为了稳住员工，黄达灵在这种情况下不但不降薪，反而每人加薪200元，给员工发工资并恢复生产，让员工们看到了希望，全身心投入灾后重建。

（2）锐意创新，合作发展

海丰公司通过“公司+基地+渔民”的管理模式带动培养了一批

适合深海网箱养殖作业的技术型工人，吸纳当地渔民100多人。公司制定出科学的管理流程及激励机制，将产品质量与企业的养殖效益挂钩，极大地调动了大家的工作积极性与养殖热情，直接带动了周边300多户农（渔）民创收，2000多人受益。

（3）回馈社会，强调社会责任

2002年以来，海丰公司每年都腾出一部分资金，支持当地基础设施建设，资助县教育基金和扶助村内五保户等公益性事业，受到当地社会各界人士的好评。

2. 发展目标

（1）最近两年的发展目标

2017年发展重点是产业化配套项目建设，预计投资3.0亿元，实现年产值约10.4亿元。

①建设5000万尾鱼苗繁育基地，5000平方米的饲料加工车间及10000平方米的产品加工车间。

②继续扩大网箱养殖海域面积，申请增加海域使用面积1500亩，增加周长80米的网箱600口。

③建设网箱、网衣制作及抗风浪研发中心。

④完善全国销售网络和物流体系。2018年计划在邻近市县优质海区复制新建养殖基地，预计投资2.41亿元，实现年产值约17.50亿元。

⑤在昌江县新建养殖基地，申请养殖海域面积3000亩。

⑥陆上养殖示范园区100亩，新建办公区、生活区及员工活动区10000万平方米。

⑦新建500口80米周长高技术含量的深水抗风浪养殖网箱。

（2）未来四年的发展目标

未来四年发展成为海南省乃至全国深海养殖业首屈一指的集团公司。

海丰公司根据自身的发展规模及对未来市场变化的预计，对2017年至2019年的盈利预测见表8-1。

表8-1　公司未来三年业绩预判

年份	2017	2018	2019
营业收入（万元）	104000.00	175000.00	256000.00
净利润（万元）	22707.02	27423.68	59386.76
销售净利润率（%）	21.83	15.67	23.20

三、公司外部条件和内部条件分析

（一）公司外部条件

1. 宏观环境

（1）政治、经济因素

临高县委县政府确立建设海洋经济强县的战略目标，充分发挥海洋资源的优势，大力推动海洋经济发展方式转变，不断培育壮大临港产业，打造临高“蓝色经济”新引擎。

2011年至2016年期间，临高县的地区生产总值得到较快发展。作为临高县支柱产业，2016年临高县渔业总产量61.66万吨，增加值86.98亿元，分别增长3.6%和5.7%，渔业产业的总量和销售额排名居全省第一。渔民人均收入达1.1万元，同比增长4.8%。2016

年全县海洋捕捞量55.2832万吨，同比增长2.5%。

目前海丰公司金鲳鱼销售市场仅限于国内，并建立了以广州为中心的销售网络，在广州市黄埔区长期租用冷库向全国销售金鲳鱼，未来计划在北京、成都成立销售中心，扩大辐射面。

（2）技术因素

海丰公司是目前中国深海抗风浪网箱养殖技术的开发者、持有者和奠基者。经过12年的积累，海丰公司拥有了深厚的海洋生态养殖技术经验，黄达灵也被多所高校称为“中国抗风浪网箱养殖第一人”。海丰公司掌握了较为先进的网箱固定技术，可在台风中降低自身损失。

深海抗风浪网箱养殖技术完全区别于国内其他淡海水或池塘养殖技术。金鲳鱼幼苗阶段，一般养殖户或企业幼苗的成活率不足50%，而海丰公司幼苗成活率一般都在70%以上；标苗阶段，一般的淡水池塘养殖多是通过添加抗生素和激素来提高幼苗抵抗力，而海丰公司已经通过中药材与饲料配比、饥饿饲养等方式有效确保鱼苗抵抗力的提升。目前，海丰公司是全国唯一一家掌握规模化养殖金鲳鱼成鱼过冬技术的企业，以至于春节期间，全国市场仅海丰一家公司仍有鲜活金鲳鱼销售。

2. 产业及竞争环境

（1）潜在进入者的威胁与产业内现有企业的竞争

公司自成立以来持续专注发展深海抗风浪网箱养殖产业，截至2015年6月，临高海丰养殖发展有限公司已经拥有520口大型深水抗风浪（14级以上台风）网箱。在公司引入深海网箱养殖之后，其他渔民虽然争相效仿，但是公司先进的水箱养殖技术以及现有的市场优势导致进入障碍和市场壁垒较高；同时，作为国内水箱养殖龙头企业之一，产业内势均力敌的竞争对手数量较少，竞争规模化等优势明显。

（2）供应商、购买者讨价还价的能力

海丰渔业养殖公司主要供应商有鱼苗供应商、饲料供应商、鱼类疫苗供应商、渔船制造和修护等相关供应商，存在供应商数量多且不集中的问题；同时公司接近一元化经营模式，使购买者相对比较集中、购买数量比较大，这些都导致企业讨价还价能力较低。

（二）公司内部条件分析

1. 海域稀缺性的优势

根据海水养殖业水温、水流、水质的三项标准，海丰公司目前拥有海南后水湾 3000 亩海域使用权，此海域同时具有水温适宜、水流稳定、水质优良的特点，而在全国各海岸线同时符合水温、水流、水质优良的海域比较稀少。

后水湾海域由于地处整个海南省西北部的港湾环抱之内，属于被台风袭击的最尾端。台风经海南中部绵延不断的五指山脉及余脉的遮挡、各类防风林及港湾的阻滞，到了临高后水湾海面已大幅衰减，对后水湾养殖业的打击也较弱。

2. 产品优势

2010 年以来，金鲳鱼成为海南主打出口品种，金鲳鱼是一种适宜在 16℃～36℃温度、5‰～35‰盐度的中上层水域生长的亚热带鱼类，生长速度快，养殖周期为半年左右。因该鱼通体只有一根长刺，肉质细嫩，口感细滑鲜美，多油脂而不腻，深受海内外消费者喜爱。海南所辖海域水质优良，养殖的金鲳鱼色泽鲜亮，肉质鲜嫩，在国际市场上具有较强的竞争力。

在产品质量方面，海丰公司已获得农业部“水产健康养殖示范场”的认定，持有农业部颁发的“无公害农产品”及“无公害农产品产地认定”等证书。

3. 人才优势

（1）生产方面

名誉董事长黄达灵及其领导的养殖团队拥有海水养殖行业12年生产管理经验，各生产环节的养殖技术在全国范围内遥遥领先。

（2）企业管理、融资、项目储备方面

常务副总经理李小樱拥有十几年相关财务、融资及企业管理方面经验。公司项目储备分布在海域网箱扩产、鱼苗孵化、陆地工厂化养殖、远洋工船养殖等方面，成熟项目储备多达10余项，可确保未来10年公司的稳步高速成长。

（3）财务方面

财务总监赵晓娟是高级会计师。

（4）销售方面

执行董事黄海及其团队，拥有7年以上水产行业内销和出口方面的销售及管理经验。

（5）生产技术储备方面

技术总监林川在海南甚至全国热带海水鱼养殖方面学术及实践成果丰硕，特别在鱼苗孵化、深海养殖、鱼病害防治、工厂化养殖等方面术业精深。

（三）公司发展战略的选择

1. 组织结构

海丰公司设执行董事一名（执行董事为公司法定代表人）、经理一名、监事一至两名，现任执行董事（法定代表人）为黄海，名誉董事长为黄达灵。海丰公司组织架构如图 8-2 所示。

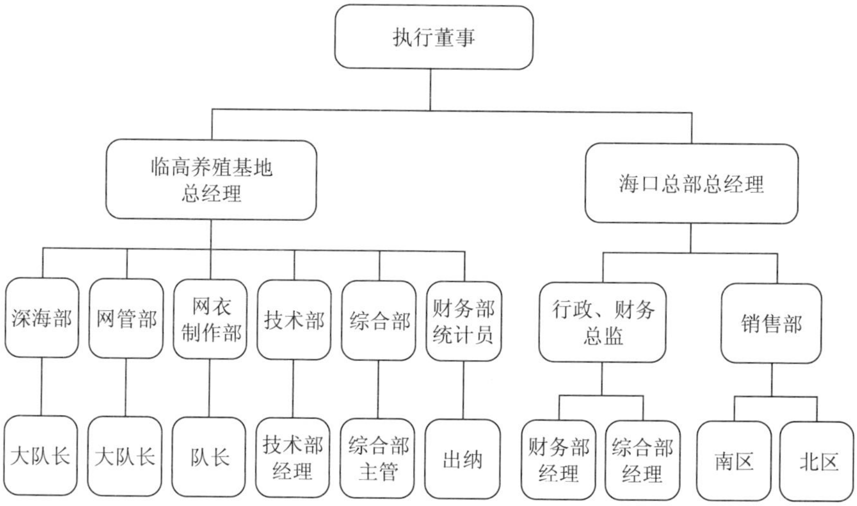

图 8-2　海丰公司组织架构

2. 控制方法

为了保持公司的竞争优势，海丰公司积极完善和落实鱼苗采购、饲料采购、业务流程、网箱养殖、销售管理等业务流程。

（1）鱼苗采购管理流程

1）供应商的确定

①购买种苗前，应对相关品种的育苗场进行调查，具体调查内容有：种苗生产企业资质证明、培育品种、鱼苗名称及来源、出厂

规格、有无使用禁用药物。

②种苗的农兽药残留检测是否合格。

③由技术负责人鉴定识别购买的苗种，要求种苗体质健壮、规格整齐、无病害、种质优势明显且具体。

2）采购数量的确定

①年度鱼苗采购必须经董事会决议，决定当年鱼苗采购的品种、数量、投放时间，并以文件形式下发给生产部、采购部、财务部。

②生产部根据董事会文件向采购部提出采购申请，填写《鱼苗采购申请单》，并且上报董事会审批。

③采购部根据生产部提交的采购申请，派采购员长驻鱼苗生产基地。

④采购部根据董事会决议及公司当年的生产计划确认采购品种和数量，并且与供应商签订鱼苗采购合同。

3）鱼苗采购

鱼苗由公司安排车辆运回养殖基地，采购员需开具货物运输单，注明品种、数量，以及厂家厂址、车辆信息等，并且电话通知采购部部长。

4）鱼苗入库

鱼苗购回后，由仓库验收货物，并且填写《鱼苗入库单》。接货员（仓库）、验货人（生产部）、交货人（采购员或供应商）均需签字确认。

5）鱼苗出库

①生产部将鱼苗集中喂养一段时间后，需进行分箱养殖。分箱时，由生产部各船船长申请领取鱼苗。

②领取鱼苗进行分箱时，需填写《鱼苗出库单》，列明领用部门

（注明船号）、日期、品种、规格、单位、数量等相关信息，由仓管员、部门负责人、领料人（各船船长）签字。

（2）饲料采购管理流程

①各船长根据饲料用量情况向饲料管理员提交用量计划，饲料管理员根据用量计划及库存情况，安排发放及采购饲料。

②饲料管理员汇总采购总量后向供应商业务员手机短信发送采购指令，并安排货车到供应商仓库运输饲料。

③供应商业务员根据采购指令，安排饲料库存及发货。

④饲料运输至公司生产基地的仓库，饲料管理员清点数量后，签收饲料入库。

⑤根据生产用量计划为各船船长安排饲料出库。

（3）网箱养殖管理

①检查网箱。检查网箱是在鱼种入箱前和入箱后要经常进行的一项工作，除了观察外网是否有鱼，标示鱼是否存在或减少等情况外，定期地对箱体进行全面而仔细的检查也是十分必要的工作。

②清除污物。网箱入水一段时间后由于生物附生、有机物附着易造成网目的堵塞，影响水体交换，不利于箱内粪便、残饵的排除和天然饵料、溶氧的补给，须定期进行清除。

③预防检查。大风、大浪、暴雨、台风等自然灾害的袭击及洪水的冲击等，都会给网箱带来损害。所以在灾害天气预报后，应对网箱进行检查，固定网箱，检查各部位的牢固程度并进行加固。若是浮动式网箱，除了加固各部位外，还要考虑如何躲避大风大浪，可把网箱移动到湾、叉或其他安全区域。水位变动剧烈时，要随时调整网箱抛锚绳索，以免发生意外。当灾害性天气过后，也要仔细检查一遍，发现问题及时处理。

④鱼病预防。鱼病预防工作虽然与采用其他养鱼形式时的工作相同，但也有其特点，网箱是设置在大水体中且鱼群密度很高，因此鱼病预防不能照搬池塘养鱼的方法，如不宜使用全箱泼洒等方法。首先，饵料配方要合理，投饵量要适当，防止因饵料配方不当引起鱼的营养缺乏症或因饵料不足使鱼体消瘦，发生鱼病。饵料加工杜绝使用霉烂、变质原料，混合各种添加剂时，要搅拌均匀，否则也会引起鱼病。其次，发现病鱼、死鱼要及时捞出，须深埋，不能乱丢，防止传播病菌或败坏水质。

（4）销售管理流程

①销售员根据当天销售单价给客户报价，双方协商同意后客户在约定时间安排车辆到达码头收鱼。

②销售员根据与客户约定的发货指令，安排网箱部及深海部打捞金鲳鱼至码头并装运至客户指定货车。

③需要进行初加工的金鲳鱼，公司与加工厂确定出货规格与地址后，安排车辆将金鲳鱼送至加工厂，并安排车辆将冻金鲳鱼发货至冷库。

④销售员根据冷库入库情况安排销售，与客户就价格达成一致后，客户派车到指定仓库拉货，销售员将销售单据反馈至销售部后签发发货指令。

⑤收鱼周期结束后，根据双方交货清单的交易金额及数量补签销售合同。

⑥销售人员及财务部定期结账及对账（通常为电话对账，未签署对账单），对于未能于次月 15 日内收回的当期货款，安排销售人员催款。

⑦销售人员在约定付款期结束后 90 日内仍未收回货款的，视为

准呆账，由销售部门研究催收方案继续催收，并考虑适当的司法程序。截至目前，公司尚未出现大额的销售款坏账。

3. 人员管理

截至2015年底，公司在职员工为214人，员工的年龄结构、学历构成见表8-2和表8-3。

表8-2 员工的年龄结构 单位：人

部门	现有人数	20~29岁		30~39岁		40~49岁		50~59岁	
		男性	女性	男性	女性	男性	女性	男性	女性
总经办	3			1		2			
财务部	10		5		4		1		
销售部	7	2	1	3	1				
综合部	3	1	1	1					
网衣部（临时女工）	32		10		18		4		
网箱部	76	13		23		30		10	
深海部	64	13		13		25		13	
后勤部	19	2	1	4	1	10	1		
合　计	214	31	18	45	24	67	6	23	
占比（%）		14.49	8.41	21.03	11.21	31.31	2.80	10.75	

表8-3 员工的学历构成 单位：人

部门	现有人数	男性	女性	学历情况				
				硕士	本科	大专	中专	高中
总经办	3	3			1		1	1
财务部	10		10		6	4		
销售部	7	5	2		1	4	1	1
综合部	3	2	1		1	1		1
网衣部（临时女工）	32	0	32				25	7

续表

部门	现有人数	男性	女性	学历情况				
				硕士	本科	大专	中专	高中
网箱部	76	76					28	48
深海部	64	64					7	57
后勤部	19	16	3		1	5		13
合计	214	166	48		10	14	62	128
占比（%）		77.57	22.43		4.67	6.54	28.97	59.82

（四）企业风险与内部控制

1. 企业风险

在渔业生产交易的过程中，因为其对水的依赖性、季节性和水产品易腐烂性，导致渔业成为高风险、高收入的弱质产业。海洋渔业风险大致分为自然风险、市场风险、技术风险和管理风险和其他风险共五大类。

（1）自然风险

渔业依托于水体环境，对自然环境具有很强的依赖性。自然界发生的环境改变（温度异常、环境污染）和自然灾害（台风）会给渔业产业带来巨大损失。

自然灾害具有如下特点：

①不可预测性。虽然气象科技和灾害监测技术水平不断发展，但是人类对于危害预测的及时性和准确性尚需努力。

②难以抵御性。台风等强力的自然灾害来临之际，人类的抵抗防御能力显得很渺小。

③破坏性。自然灾害对渔业生产的破坏一般是大范围和毁灭性

的。自然灾害的这些特点极大地增加了渔业的风险性。

（2）市场风险

渔业养殖产业因其季节性特点，从鱼苗投放到成鱼丰收需要三到五个月的时间。但是在自由竞争的市场上，鱼类生产的时间滞后性会导致生产决策相对于市场变化反应能力低下，出现市场供求不稳的情况。

海水养殖品种和规模具有很强的盲目性，而网箱养殖前期需要大量资金投入网箱、鱼苗和饲料等，退出壁垒较高，最终可能出现鱼类产品过多、销售低廉甚至囤积等恶性竞争情况。另外，鲜活水产品易腐，如果该销售的水产品不能及时销售，就必须继续保鲜和饲养，从而使成本增加；如果生产过程中饲料、疫苗价格上涨，生产者将承担额外的成本。

（3）技术风险

渔业生产技术包括水质管理、病害防治、捕捞作业方式选择、活鱼运输、水产品加工等几大类，每一类中又包含很多具体的技术。海洋渔业生产技术的复杂性不仅体现在组成上，还体现在养殖水体、方式、品种、海洋捕捞渔场、作业方式、时间的多样性上，不同的养殖水体、养殖方式、养殖季节应使用不同的养殖技术；海洋捕捞业中，不同的渔场、不同的作业方式也须使用不同的捕捞技术，因而产生不同的生产回报率。这些技术形成了彼此关联、相互影响的技术系统，如果系统中的一个环节不成熟或生产者技术不熟练，就会给生产者带来重大损失。

（4）管理风险

从海水养殖方面来分析，产生海洋渔业生产管理风险的原因主要有以下几个方面：管理者对未来的市场判断不准，选择了不适当的养殖方式、养殖品种和养殖规模；基本建设计划、生产计划、技术计划、物资采购计划和销售计划编制不适当或执行出现偏差；组织内部饲养分工不明，责任不清，生产混乱，技术标准和技术规程不合理；对生产过程中关键环节问题未采取适时和适度的措施；等等。产生捕捞业管理风险的主要原因包括：管理者对渔场业资源状况不明，恶劣的海况、选择的捕捞工具不当或捕捞技术不熟练，渔获物保鲜、后勤保障出现问题，等等。总之，管理工作中出现的任何疏漏，都有可能导致渔业生产者蒙受损失。

2. 企业内部管理控制

（1）内部控制制度制定

企业内部控制主要涵盖组织结构、发展战略、人力资源、社会责任、企业文化、资金活动、采购业务、资产管理、销售业务、研究与开发、工程项目、担保业务、业务外包、财务报告、全面预算、合同管理、内部信息传递、信息系统等方面。海丰公司目前已建立的内部控制制度有《各部门岗位职责》《员工考核管理制度与程序》《采购与仓储管理制度》《财务管理制度及审批权限标准》《养殖管理制度》《鱼苗管理制度》等。

（2）内部控制制度执行

海丰公司内部控制制度较为完善，对业务流程规范制定了详细的标准，养殖与销售业务人员对自己的岗位职责有明确的参考依据，但更为重要的在于执行和落实。海丰公司 2012 年至 2014 年上半年内部控制设计及执行存在不到位的情况，但从 2014 年下半年起内部控制设计逐步改善并得到有效执行，严格按照内部控制制度的相关规定进行业务操作，各项业务流程处于可控状态。与同类企业相比，公司因此取得良好的经济效益。

海丰公司2012年至2014年主要财务指标见表8-4和表8-5。

表8-4 海丰公司2012—2014年偿债能力指标

项目	2012年12月31日	2013年12月31日	2014年12月31日
流动比率（%）	137.72	170.33	122.77
速动比率（%）	49.92	49.62	43.58
现金比率（%）	8.33	12.78	2.63
资产负债率（%）	56.82	46.70	69.29

表8-5 海丰公司2012—2014年盈利能力指标

项目	2012年	2013年	2014年
资产报酬率（%）	8.01	7.36	17.05
股东权益报酬率（%）	16.87	15.18	40.65
毛利率（%）	37.88	24.00	30.35
销售净利润率（%）	28.69	18.24	26.97

同行业主要财务指标平均水平见表8-6和表8-7。

表8-6 同行业2012—2014年偿债能力指标

项目	2012年12月31日	2013年12月31日	2014年12月31日
流动比率（%）	105.67	115.32	131.74
速动比率（%）	31.09	27.15	28.33
现金比率（%）	21.29	15.94	7.90
资产负债率（%）	43.02	44.61	45.93

表8-7 同行业2012—2014年盈利能力指标

项目	2012年	2013年	2014年
资产报酬率（%）	4.56	2.42	1.69

续表

项目	2012 年	2013 年	2014 年
股东权益报酬率（%）	8.13	4.48	3.09
毛利率（%）	29.69	25.59	23.81
销售净利润率（%）	15.04	9.56	7.21

注：同行业数据来源于山东东方海洋科技股份有限公司（股票代码：002086）2012—2014 年审计报告，2015 年半年报数据未经审计。2012 年审计报告经山东天恒信有限责任会计师事务所审计，2013—2014 年审计报告经中天运会计师事务所（特殊普通合伙）审计。

四、公司未来发展展望

展望未来，虽然海水养殖业有着广阔的发展市场，但也会受到环境、自然灾害等因素的影响。海丰公司在网箱固定技术上进行了相关研发并提高了网箱的抗灾能力，但自然灾害出现时依旧会对海丰公司的经营产生不利影响，如 2012 年的养殖饲料损失。此外，海丰公司业务主要限于金鲳鱼养殖与销售，业务较为单一，并且仅开拓了中国内地的南方市场，因此，外部环境变化可能对公司经营产生不利影响。从人力资源方面分析，现有员工 40 岁以上所占比重为 44%，年龄结构有待优化；大学以上（包含大专）学历的仅占 11%，员工学历偏低，对公司后续发展可能产生不利影响。

案例结语

临高县是海南的渔业大县，渔业也是临高县支柱型产业。在临高县经济中，渔业创造的经济总量在整个地区生产总值中占据重要地位，临高县深海网箱养殖的水产品远销欧、美、日等国家，成为临高渔民的“海上银行”。被业界誉为“亚洲金鲳王”的临高海丰养殖发展有限公司，经过十多年发展已成为国内规模最大的深海抗风浪网箱养殖龙头企业。虽然海水养殖业有着广阔的发展市场，但也会受到环境、自然灾害等因素的影响，总结海丰公司深海网箱养殖的创业经验无疑具有理论和现实意义。海丰公司虽取得了较好的成绩，但公司业务单一，靠天吃饭的成分较大，外部环境变化易对公司经营产生不利影响。因此，企业应采取积极应对措施，努力将外部环境的不利影响降到最低。

灵狮国际创意港的运营模式创新

采编/撰写：李世杰

案例摘要： 本案例描述了海南灵狮国际创意港通往成功之路的发展模式，解读了灵狮运营模式的创新之处在于突破传统的二房东模式，形成“二房东+经纪人”的运营模式，这种模式的成功很大程度上归因于灵狮通过自己的“六大增值服务平台”，即交易服务平台、金融服务平台、知识产权平台、人才培训平台、技术研发平台和品牌推介平台，为入园企业提供服务。灵狮所提供的特色服务，不仅使得其所设立的园区与众不同，也使得灵狮所运营的创意园区在业界具有强大的竞争优势，其与时俱进、不断创新的商业模式值得业界借鉴。

案例关键词： 创意产业；运营平台；二房东；经纪人；运营模式

一、引言

2015年孟夏，“灵狮”落户海南已逾四年。由灵狮创意产业投资有限公司（以下简称灵狮）负责运营的海南国际创意港位于海口市人民大会堂旧址，毗邻全海口最繁华的国贸CBD，闹中取静，颇有小隐隐于市的意味。初来乍到的我们不得其门而入，仔细探寻才从侧面的小径中找到了去路，迎面是旧楼改造而成的办公楼，入目即是刻意做旧的整体风格，唯有那一整面挥洒自由、色彩斑斓的十米涂鸦墙，透出些许前卫的艺术气息。

二、灵狮成长之路

提到美国，我们总会想到那些恢宏之作的美国大片和其中的英雄们，如蜘蛛侠、超人等；说起日本，七龙珠、网球王子、海贼王，大家如数家珍；再看韩国，众男神欧巴们让大家心神荡漾，如师奶杀手裴勇俊、外星来的金秀贤……不得不说，这些国家把文化玩得风生水起。这是一个直到1997年才真正被大家所熟知的产业——文化创意产业。目前，文化创意产业在各国GDP中的占比正在以令人惊讶的速度迅速扩张。文化创意产业的风靡，不仅仅因为它传承和发扬了本国文化，更重要的是其对价值观的传播，当然还有其蕴涵的巨大经济价值。仅仅韩剧刚刚热播的那段时间，韩国文化产业就为其带来4亿美元的外汇收入，非常可观。另外，文化创意产业也被很多专家学者认为是一个国家软实力的表现，是一个国家综合实力的一部分。

中国也有越来越多的企业和公司瞄准了这个行业，灵狮就是其中之一。2003年，深圳灵狮公司成立，主营业务瞄准时下正如火如荼的文化创意产业，开展了一系列的展览展会，如文博会以及自己品牌的商品展等，为文化的传播奉献了一定的力量，灵狮也成为该行业的先驱。

每一个成功企业都必定有过籍籍无名的过去，就如同每个好故事在一开头总是平淡无奇，灵狮亦然。2003年，灵狮文化传播有限公司在深圳成立。起初只是个名气不大的文化广告公司，主要经营业务是展会运营，在其日后叱咤风云的工业设计和创意产业领域均名不见经传。

然而就在这本该平淡无奇的2003年，灵狮迎来了一次机会：早已与世界接轨的深圳提出“文化立市”的发展战略，其后推出的《深圳市实施文化立市战略规划纲要》更是明确提出了建设“创意设计之都”的目标。

灵狮敏锐地捕捉到政策动向的变化，通过细致的市场调研分析，发现当时深圳的加工贸易企业在外销市场变化的过程中因利润逐渐下滑，亟须进入产业调整阶段；而深圳本土工业设计当时已俨然与上海、北京形成三分天下之势。一个是步入瓶颈期亟待革新的传统加工制造业，另一个是走向朝阳未来风光无限的现代工业设计业，政府政策已谱写好蓝图，却独缺桥梁。灵狮意识到这一点之后，开始萌生成为国内优秀文化创意产业运营商的想法，逐渐将主要业务转移到文化产业和创意产业投资、开发及运营方面，开始向工业设计领域进发，努力打造一个制造业与设计界对接的平台，并积累了大量工业设计资源。

2003年至2005年前后，灵狮通过自身资源优势，成功打造了多个高峰论坛及展会，增强国内外设计师对灵狮运作能力以及对深圳“设计之都”定位的认同。包括法拉利设计师、法国包豪斯艺术传人等设计大师都曾参与过灵狮的展会，并以此为契机与内地设计界进行了良好交流。

2005年，深圳市政府注意到中国设计和市场脱节现象尤其严重，设计在产品中的作用往往局限于修饰外表，而在国际市场中，设计几乎是成就品牌的主导。面对这种窘境，深圳市计划举办国内首个“设计商年展”，意在凭此举打破设计和商业间缺乏交流的僵局。此时的灵狮在业内已经小有名气，依靠几年来的厚积薄发，灵狮成功从众多文化创意产业运营商中脱颖而出，成为此次展会的官方合作伙伴。同年10月，“中国国际品牌·设计商年展”在深圳盛大举行，形成了完全打破地域与行业界限的国际性交流平台，一时间大量全球顶尖设计师、国内外建筑界翘楚以及商界领袖云集于此，汇集了全球目光。设计商年展的大获成功，使作为运营商的灵狮赢得了业界口碑。

2006年12月底，灵狮凭借与创意设计企业长期打交道的经验、对整个创意设计行业发展情况的熟悉程度，以及对园区的管理和经营得天独厚的资源优势，击败包括广电集团在内的诸多竞标对手，与深圳市福田区政府正式签约，承接对田面老工业区的改造工程，全力建设中国深圳设计之都创意产业园，并负责其建设、招商和后期运营管理。

2007 年 5 月 16 日，灵狮投资运营的第一个工业设计类创意产业园区——中国（深圳）设计之都创意产业园一期工程在深圳 CBD 区正式开园，一个月之内即完成全部招商工作，并作为深圳第三届文博会分会场进入试运营期。由于园区建筑及土地产权均不属于灵狮，其在合作中扮演的是“二房东”角色，即通过水电、物业、清洁、保全等基础性服务对入驻企业收费，这种模式后来也被业内戏称为“灵狮模式”的 1.0 版本。

至此，灵狮迈出了其成为国内优秀文化创意产业运营商的第一步。但其并没有停下进取的脚步。在创建园区前期，灵狮曾进行了长达 3 年的市场调研，从北京的 798 到上海的 98 创意园，灵狮高层走遍了国内大大小小、形式各异的创意园区，最后不得不遗憾地承认，国内创意园区的经营和管理基本上都是以“二房东”形式出现，与企业市场经营和管理并无任何关联。如果灵狮继续采用这样简单的模式对设计之都创意产业园进行管理和经营，那么它将难以与深圳天安数码城、高新技术产业园区等国家星级物业管理园区相抗衡；并且在短暂的政府补贴期过后，仅依靠低廉的租金和管理费必将难以为继。

所幸灵狮对设计之都的着眼点与其他运营商并不一样，它并不想做地产，也不想做物业。经过多年的文化创意产业的经验积累和专业能力的提高以及多年来对文化创意产业园区的走访，灵狮决定依托政府政策对园区进行改造，跟上政策的大方向，并将其建设成以工业设计为主导的文化创意产业园区，作为中国制造向中国创造转变的桥梁。灵狮建立了以旧园区改造推进制造业转型升级的园区建设理念，并且园区工业设计企业的占比达到了 70%。灵狮在进行了充分的市场调研之后，最终发现沿袭这些园区的“二房东”模式是远远不够的，因此决定大胆采用新兴的“二房东+经纪人”的模式对园区进行管理，这在业界也被称为“灵狮模式”。该模式是建立在整个行业具有存在意义及发展前景的基础之上——打造“创意之都”首先需要解决设计企业的实际问题，让企业进入园区后能更好发展。而灵狮模式将帮助设计企业赢得更大市场作为追求和理念，在原有“二房东”经营管理模式下创造特色“增值服务”，另辟蹊径走出与众不同的道路，这就是灵狮模式最广为人知的形式——“二房东+经纪人”模式。

此后，灵狮在全国各地开始勘察建园，不断复制灵狮模式。2009 年 2 月，灵狮顺德工业设计园开园，成为我国知识产权局和顺德政府确立的首个工业设计产业集群项目，同时也是首个国家级工业设计与创意产业基地。园区采取政府主体投资、专业公司运营的模式，由深圳市灵狮文化产业投资有限公司负责日常运营，为顺德家电、家具、机械、服装、模具等顺德支柱产业提供工业设计服务。园区定位为：以工业设计为主导，以中外知名设计师和设计企业为主体，立足顺德制造业雄厚的产业基础和珠三角家电制造的中心地位，对接广—佛一体化所形成的巨大商业空间，联动深圳、中国香港地区在工业设计领域的优势资源，发挥市场集聚效应，依托灵狮模式，为工业设计企业与顺德制造业市场化对接提供高端增值服务，以此形成“顺德制造”跃升为“顺德创造”过程中产业化、高端化、专业化的“创新设计”外包服务公共平台。

2009 年 5 月 21 日，灵狮在太仓的 LOFT 工业设计园开园。这是太仓市首个工业设计创新与孵化基地，立足于整合以上海为核心的国际性高端创意产业资源，力图构建工业设计与长三角制造业市场化对接的高端服务型商业平台，为入驻企业提供产业链高端增值服务，打造长三角区域高端化、国际化、专业化的工业设计外包服务与产业化基地。

太仓市政府则从产业发展政策、园区总体配套及公共平台建设等方面给予政策和资金扶持。产业园的建成将在太仓集聚起以工业设计为主的产业集群，建立以市场和资本服务为核心的运营平台，在政府产业政策、资金和灵狮模式平台的共同推动下，首批入驻园区的设计企业与苏南制造业进行市场对接，以高端外包服务的方式，为制造企业特别是中小型制造企业提供产品创新、品牌创新整体性和战略性设计服务，进而形成江苏及长三角制造业自主创新和产业转型升级的前端基础性支撑。

2009 年 12 月，灵狮（江阴）国际创意港作为江阴市政府确立的首个创意产业项目投入运营。

三、灵狮国际创意港进驻海南

灵狮早期的 4 个园区均是以工业设计为主，因为在灵狮看来，只有工业设计才能拉动制造业的发展。不过，这个观念随着 2010 年的到来悄然发生了转变。这一年夏天，海南省党政领导干部赴两广考察，时任省委书记卫留成和省长罗保铭实地参观了深圳设计之都创意产业园。“灵狮模式”引起了省委书记和省长的高度重视，当即邀请灵狮管理层到海南考察。一个月以后，灵狮团队应邀来到海南，由海口一路南行至三亚，途经海南五个重要城市。正是此行，让灵狮产生了新的想法——“灵狮模式”不应只局限于制造业，其所倡导的产业链整合与服务能够运用到几乎所有行业！这是“灵狮模式”首次尝试离开其所擅长的设计与制造业资源整合领域，开始探索设计与其他行业资源整合之路，这一次他们选择将新园区定址海南省省会海口。

灵狮对此提出以下理由：海南旅游资源冠绝全国，国际旅游岛又上升为国家战略，旅游业及相关产业对创意产业发出了强烈的需求信号，发展旅游产品创意产业已经成为必然趋势。加之海南自然资源得天独厚、文化独具魅力，还有国家赋予的特殊政策和体制优势，这些都成为发展创意产业不可多得的有利因素。另外，奢侈品和创意农业也是亟待发展的领域。海南拥有得天独厚的热带农业优势，但农产品尚未形成品牌化，因此在海南发展创意农业的前景和空间同样巨大。

随即，灵狮开始与海口市政府进行对接洽谈，仅用三周就完成了海南国际创意港项目签约，成为海口落户最快项目之一。海口市委、市政府并不因创意产业自身没有多少产值和税收而态度轻慢，而是清醒认识到创意产业带来的下游产值和税收不可估量，他们对灵狮的远道而来表示了最大诚意，包括从产业发展政策、环境改造及公共平台建设等方面给予政策和资金扶持，还将位于黄金地段的海口市人民大会堂旧办公楼区租借给灵狮，并承诺前三年免费。2011 年 4 月，承载着将“灵狮模式”推广至制造业外其他行业的梦想，海南国际创意港在海南省海口市正式开园。

四、灵狮的成功秘诀

（一）灵狮三原则

为更好地根植于海南本土，灵狮海南国际创意港对自身发展提出三个原则：忌空心化、忌泛滥化、忌边缘化。

所谓忌空心化，是指创意园区一定要与当地优势产业结合，仅仅为做园区而做园区难以真正扎根，结果只能使园区迅速空心化，既浪费政府投资，也留不住设计企业。这个原则也与灵狮进驻海南的初衷不谋而合——正是力求与海南优势产业（旅游业、农业、酒店业等）紧密结合，才使灵狮的道路不再局限于工业设计，从而走向更为广阔的未来。

所谓忌泛滥化，是指如果不能合理配套创意产业资源，绝不盲目上马项目。同抢相似资源，必然导致同质化，而遍地开花就会导致失去集群的功能。在海南这个不到 4 万平方公里的海岛省份，绝不轻易设立第二个园区，而是应力图将整个园区建成“一港三园”的总体布局，保证集群优势。

就创意产业而言，创意人才需要城市元素去刺激创意灵感，成功的创意产业园往往都选择市区中心地带，这就是“灵狮”的忌边缘化原则——灵狮海南国际创意港选择了在海南一线城市海口市的繁华区段万绿园附近建园。如果园区远离市区，不贴近生活和市场，就会失去创意土壤；且创意人才大都是“80 后”，生活需求、情趣品位较高，在二三线城市建创意产业园无法留住人才。

（二）灵狮模式的独特优势

灵狮模式超越了“二房东”的角色，通过自己的“六大增值服务平台”为入园企业提供服务。这种特色服务，不仅使得灵狮所设立的园区与众不同，也使得灵狮所运营的创意园区在业界具有强大的竞争优势。

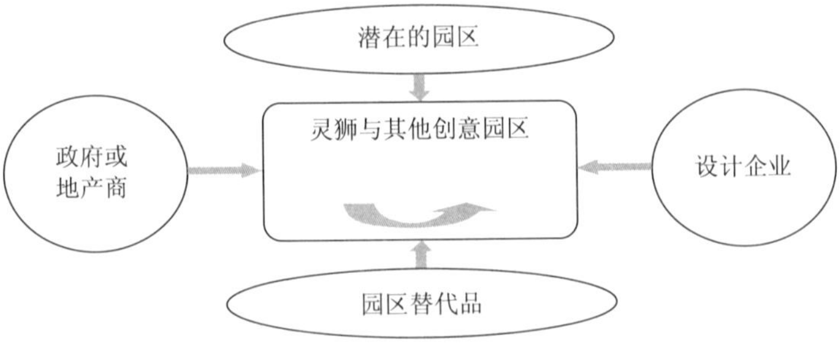

图 9-1　灵狮模式的独特竞争优势

资料来源：笔者根据调研资料整理完成。

首先，灵狮不同于其他园区的运营商，在它们都还在做“二房东”的时候，灵狮勇于创新，提出了业界著名的“灵狮模式”，也就是“二房东+经纪人”模式。灵狮为园区企业提供的服务，令很多业界同仁望尘莫及。同时，在海南，灵狮集中力量服务于具有本土特色的旅游业和热带农业，也使得其成为同行中的翘楚。因此，灵狮运营的创意园区在国内首屈一指。

其次，灵狮大力响应政府的政策，投身于政府积极发展的产业，获得了政府的大力支持。因此，不论是国家还是地方政府，都给予了灵狮众多优惠政策以及便利措施。灵狮与其供应商达成了一致目标，使其在与政府的磋商中，获得了强大的议价能力。海口市政府不仅为园区提供租金减免政策，同时也为园区企业提供工商、税务等办证一站式服务，这同时也使得灵狮拥有了别的园区无法企及的地位。

再次，灵狮给予客户很多过去他们自己做所无法获得的方便。园区企业的一位董事长讲：“过去，我们像是在写字楼里面做私房菜，我们需要努力寻找客户和选择客户；现在，我们到了美食一条街，大量的客户到这里寻找美味，现在是客户在选择我们。”灵狮所提供的这些便利，使得灵狮在面对其客户时，也具有了非常大的优势。灵狮给予优秀企业优惠的入园租金，同时又为这些企业提供一系列的优质服务，可谓是低价高质的典范，这也使得其在与客户进行谈判时，获得了强大的议价能力。

复次，灵狮公司位于海口市中心的人民大会堂，地理位置优越。作为文化创意产业园区，如果将其建在偏远的郊区，是很少有客户找到这些设计公司的。因此，灵狮在地理区位上有着无与伦比的竞争优势，这也对很多后来者形成压力，它们无法在同等价位的情况下拥有如此优越的地理位置。同时，作为海口市的新兴高附加值产业，政府也对灵狮公司给予了高度重视，这是别的园区所无法比拟的。园区的定位是建设优质的设计企业集聚区，园区的企业几乎都集中在产业链的上游，这也使其他的创意园区望尘莫及。

最后，灵狮也会面临其他园区的类似服务的威胁，但是灵狮有秘密武器。它利用六大增值平台作为文化产业公共服务平台为入园企业提供优质服务，无论从哪个方面来讲，性价比都非常高。灵狮园区内众多有生命力的优秀设计企业，极大地提升了灵狮的品牌知名度，在灵狮，可以和业界非常优秀的企业做邻居，这是其他的园区没办法提供的环境。

五、灵狮六大增值平台

灵狮模式的成功，很大程度上可以归因于其六大增值平台。灵狮的六大增值平台包括交易服务平台、金融服务平台、知识产权平台、人才培训平台、技术研发平台和品牌推介平台。这六大增值平台机制成熟，并且能够不断创新，使灵狮获取持续并难以复制的竞争优势。

（一）交易服务平台

很多设计企业的专长是做设计，其实它们并不擅长叫卖自己的创意，所以销售自己的创意设计一度是让众设计企业头疼的事情。但是现在它们再也不用为之头疼了，灵狮公司贴心地建立了交易服务平台，在这个平台上，灵狮公司会给予设计企业无法想象的帮助。灵狮通过建立自己专业化的销售团队接到很多设计订单，然后分包给园区内的企业，以最优的方式对设计进行分包和选择，为园区企业开辟新的销售渠道。在园区中，通过灵狮的接包中心，可以实现从设计到终端销售的一条龙服务。例如，洛可可这样的大型公司，经常会接到那种大到覆盖整个产业链的项目，洛可可就会将其进行分包，当然它也会优先选择园内的企业，这样在园区内就可以完成整个项目从设计到制造再到销售的全过程。园区的良好互动，使得园区企业不用担心自己的创意无法走向市场。

（二）金融服务平台

设计企业是典型的轻资产型企业，其非常重要的特点就是资金投入少，但是资金少同样也是文化创意产业公司的短板之一。当面对大型的设计或者是要提供整体的服务时，这些设计企业常常会面临资金困境。灵狮会积极了解园内企业的情况，对于可以一起做的项目，灵狮也会参与其中，这可以极大地降低成本，缓解企业的资金难题。另外，灵狮也会积极帮助园内企业向政府申请创新委的项目，用以获得资金支持，对企业的设计活动进行政策辅导，帮助他们渡过困境。

（三）知识产权平台

目前，我们国家的创意人才迟迟得不到重视，创意产品总是处于“抄袭”的威胁之下，保护的缺失使得真正的创意产品难以获得附加值和竞争力，这使得我们国家的创意产业岌岌可危。因此，文化创意产业面临一个非常大的难题，就是如何保护自己的劳动成果，特别是在我国这样一个人们很不舍得为正版掏钱、盗版横行的国家。面对共同的难题，灵狮通过积极与政府进行谈判，在园区内设立了知识产权局，为园区内的企业服务，促进园内的创意设计尽快转化，进而保护园区内企业的权益。在无法设点的其他园区，灵狮也积极设立与文化产权局的无缝对接渠道，尽最大的努力保护自己的知识产权，让园内企业无后顾之忧，专心做设计。

（四）人才培训平台

创意产业是一个需要最大限度地发挥主观能动性的产业，是一个非常需要人才的产业，灵狮以及园区内的企业都面临着人才缺乏的难题。灵狮主动牵头与政府合作，创立了设计学院，推动产、学、研相结合，为园内设计企业提供储备力量，有助于设计企业新鲜血液的输入，使得企业可以永葆活力。同时，灵狮也积极地与国内其他高校合作，大力挖掘优秀人才为己所用。人才培训的对象主要包括工商管理类以及工业设计等创新艺术类人才，一方面通过培训现有管理者，对其输入现代管理理念以提升管理层的管理能力；另一方面对设计人员进行岗位培训，提高其技术理念与技能，以适应市场的不同需求。无论是在深圳还是在海口，甚至其他城市的园区，灵狮都积极地推进其人才引进计划。

（五）技术研发平台

灵狮花大力气建立了技术研发平台，帮助园区内的企业向产业链的整体蔓延，保证园内企业获得最大的经济价值。灵狮公司的接发包服务，促进了园区内的设计和创意的交流与互动，对于技术的创新有很大的帮助。灵狮还投资5000万元建立起技术研发平台，让企业在不出园区的条件下完全可以利用企业自有的平台进行产品研究，缩短了产品研发过程，从而降低了企业创新设计产品的研发测试成本。

（六）品牌推介平台

正所谓“酒好也怕巷子深”，企业要赢得客户就得花大力气和资源投入来宣传自己。不过，在灵狮园区，在园企业不用担心这个问题，灵狮会定期带园内企业参加一些国内外的展会，向世界宣传园区内的企业，提高园区企业的国际知名度，同时灵狮也常常会组织一些展览和比赛等，建立园区统一的品牌形象，扩大品牌知名度。基于业务上的合作，园内企业也经常交流和互动，发挥提携效应，使得园内的品牌广为人知。另外，园区还和媒体进行了一系列的合作，有效地对园区的品牌进行了推广。很多企业想要寻找设计企业时，都会先行找灵狮公司，灵狮再通过自己的数据库找出最为合适的企业，而设计企业则坐等客户上门即可。

为了避免水土不服，灵狮不断对其经营模式予以本土化改良，形成适宜海南本土的增值服务群。多年来，“二房东+经纪人”的运营模式使灵狮在两个角色间转化得更为自如。在海南国际创意港的运营中，灵狮进一步形成进退自如的选择标准，利用专门的评估团队，对每个项目实行专业评估，判断出哪家设计企业更适合承接该项目；或在企业设计研发出新产品时，立刻决断出新产品市场前景，对于前景看好的产品选择入股、进行投资，并对其负责到底。对于前景不明的产品，灵狮并不一票否决，而是作为单纯的中介人，积极为企业争取融资渠道，并将其推介给合适的客户。

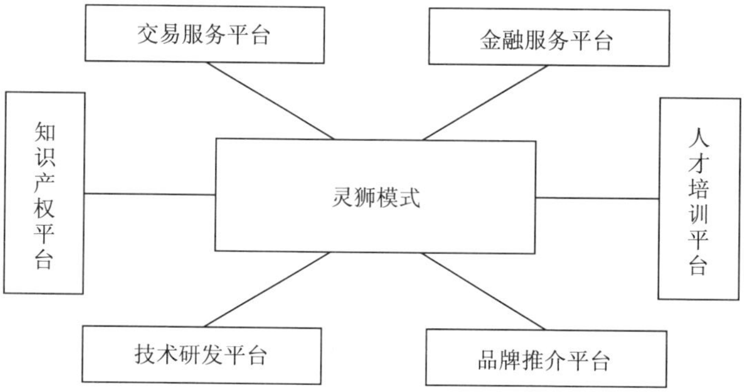

图 9-2　灵狮模式的六大增值服务平台

资料来源：笔者根据调研资料整理完成。

案例结语

灵狮模式的形成与不断创新，使得灵狮运营的园区取得了巨大的成绩，深圳灵狮公司也依靠着灵狮模式，通过政府支持、企业运营的方式开始了自己的扩张步伐，依托多年的经验积累以及优质的产业资源，先后在江苏、广东、海南等地建立了自己的创意园区，为我国的创意园区建设创造了不可估量的价值。

不可否认，未来的文化创意产业将是一个欣欣向荣的产业，灵狮作为产业先驱，要不断进行创新，并坚持提供优质的服务。相信灵狮会在文化创意产业中书写下辉煌的一笔！

图表索引

海航集团的多元化战略创新

凯迪网络的数字化生存

海南爱哪哪旅行网的平台商业模式

临高海丰养殖公司的发展战略选择

灵狮国际创意港的运营模式创新